CATANDUVA SP 2020

DENTRO DE MIM

JOSÉ CARLOS DE LUCCA

REFLEXÕES SOBRE AUTOCONHECIMENTO, AMOROSIDADE E TRANSFORMAÇÃO INTERIOR

AS PESSOAS GERALMENTE OLHAM PARA MIM NAS PALESTRAS E PENSAM: "AH, ELA É TODA ORGANIZADA, NUNCA ENFRENTOU UM PROBLEMA NA VIDA, SABE TODAS RESPOSTAS". NADA PODERIA ESTAR MAIS LONGE DA VERDADE. NÃO CONHEÇO NENHUM PROFESSOR BOM QUE NÃO TENHA PASSADO PELO SOFRIMENTO. MUITOS DELES VÊM DE INFÂNCIAS INCRIVELMENTE DIFÍCEIS. É CURANDO A PRÓPRIA DOR QUE ELES APRENDEM A AJUDAR OS OUTROS A CURAR-SE.

LOUISE L. HAY

LOUISE HAY. "VIDA". BEST SELLER.

MESMO QUANDO NINGUÉM MAIS
PARECE RECONHECER OS SERES
EXTRAORDINÁRIOS QUE SOMOS, SEMPRE
CONTAMOS COM NÓS MESMOS: ESSA
FONTE INESGOTÁVEL DE REFORÇO E
ESTÍMULO POSITIVOS, A PESSOA QUE
SEMPRE E COM MUITO ORGULHO
DESFRALDARÁ NOSSA BANDEIRA PESSOAL.

LEO BUSCAGLIA

LEO BUSCAGLIA. "NASCIDO PARA AMAR". NOVA ERA.

SUMÁRIO

PREFÁCIO

O SUPREMO SENHOR NÃO SE COMPRAZ
COM O POSSUIR FILHOS MISERÁVEIS
E INFELIZES NA CRIAÇÃO; ESPALHA
BÊNÇÃOS E DONS, RIQUEZAS E
FACILIDADES ETERNAS A MANCHEIAS,
ESPERANDO APENAS QUE CADA UM
DE NÓS SE DISPONHA A REGER COM
SABEDORIA O PATRIMÔNIO PRÓPRIO.

ANDRÉ LUIZ

FRANCISCO C. XAVIER, ANDRÉ LUIZ [ESPÍRITO].
"NO MUNDO MAIOR". FEB.

O Supremo Senhor não se compraz com o possuir filhos
miseráveis e infelizes na Criação; espalha bênçãos
e dons, riquezas e facilidades eternas a mancheias,
esperando apenas que cada um de nós se disponha
a reger com sabedoria o patrimônio próprio.

ANDRÉ LUIZ

EM PRIMEIRO LUGAR, QUERO AGRADECER AO QUERIDO amigo José Carlos De Lucca pela honra e pela confiança em me conceder este prefácio. Ele é reconhecido por seu incansável trabalho no bem, com larga sabedoria das questões espirituais e uma grande disponibilidade para ouvir pessoas aflitas que o procuram em busca de esclarecimento e conforto.

Li estes textos com tranquilidade, tempo, degustando cada palavra e cada conceito.

O título *Dentro de mim* já revela muitas questões importantes a respeito de quem e o que somos. Nos incentiva a percorrer um território quase inexplorado em nós mesmos, que será gradativamente conhecido à medida que evoluirmos espiritualmente. Este livro é um convite generoso ao autoconhecimento.

Demonstrando conhecimento no campo da psicologia, De Lucca aponta conceitos relevantes de vários autores que tentam desvendar o interior do ser, que em nosso entendimento, é um Espírito em busca de si mesmo, pois a evolução é o afloramento das potencialidades divinas de cada alma.

Tenho uma profunda identificação com a abordagem desenvolvida por Leopold Szondi (1893–1986), médico húngaro que se radicou na Suíça após a Segunda Guerra Mundial. Era judeu e sofreu, juntamente com seu povo, a perseguição e o sofrimento em um campo de concentração. Era um grande humanista e já fazia pesquisas em sua área de formação, buscando entender o processo de desenvolvimento da personalidade e o que movia cada pessoa. Carregava seus escritos, que eram o seu tesouro, por onde conseguia andar naquele local de grande sofrimento.

Certo dia, um soldado bateu nesses papéis, fazendo com que caíssem no chão. Abaixar-se para pegá-los poderia ser considerado um desafio, o que lhe traria consequências muito perigosas. Seu olhar deve ter refletido uma grande aflição com a perda de algo que era muito importante para ele. O soldado percebeu aquele conflito, o sofrimento de uma grande perda quando já não se tem nada. Perguntou ao dr. Szondi o que eram aqueles papéis e recebeu a resposta: "É toda a minha vida". Surpreendentemente, o soldado nazista respondeu: "Pode recolher, pode pegar de volta". Naquele momento, o dr. Szondi entendeu que, mesmo em um Caim sangrento existe uma ponta de bondade, uma ponta de Abel.

Quando saiu do campo de concentração, desenvolveu uma abordagem psicológica que levou consigo, em seu bojo: a Teoria da Fé. Aprendeu com o sofrimento, mas não ficou refém dos erros dos outros. Escolheu transformar aquela experiência de dor em uma grande lição de vida.

Cada abordagem parte de uma premissa, não sendo uma melhor do que a outra, mas cada qual reflete de onde o estudioso olha e percebe o ser humano. Esse autor aprendeu que a Humanidade tem uma necessidade de religiosidade fundamental, que se não for preenchida e vivenciada pode se transformar em transtornos mentais. Para ele, a transcendência faz parte da natureza e das necessidades humanas, oferecendo significado para a existência. Não fomos feitos para uma vida estritamente materialista.

A fé é um estado de integração, diferentemente do que acontece no fanatismo, na ilusão, em que se estabelece um estado de alienação da realidade que promove e aprofunda o desconhecimento de si próprio.

O livro *Dentro de mim* parte da premissa de que somos seres espirituais em um processo de evolução.

Faz uma grande diferença a consciência de que somos espíritos realizando um projeto parcial de autoconhecimento durante a reencarnação. Todos os dias construímos o nosso destino, o qual é o eixo da existência, assumindo conscientemente ou não a responsabilidade de direcionar a nossa vida de acordo com nossos objetivos, que são estabelecidos conforme o grau de nossa consciência.

Kardec nos diz na primeira questão de *O livro dos Espíritos* que "Deus é a Inteligência Suprema e causa primária de todas as coisas". Considerando que a Inteligência Suprema não pode produzir consequências não inteligentes, concluímos que somos inteligentes porque dotados Dele próprio.

André Luiz, em *No mundo maior*, psicografia de Francisco Cândido Xavier, nos alerta que

> *O Supremo Senhor não se compraz com o possuir filhos miseráveis e infelizes na Criação; espalha bênçãos e dons, riquezas e facilidades eternas a mancheias, esperando apenas que cada um de nós se disponha a reger com sabedoria o patrimônio próprio.*

Somos, então, criaturas de Deus, O qual não quer o nosso sofrimento e já nos abasteceu com tudo o que necessitamos, esperando que alcancemos a maturidade e a sabedoria para administrar um tesouro que já é nosso e está conosco.

Mas, então, por que sofremos? Por que em determinados momentos da vida o desespero nos toca a alma? Olhar para dentro de si próprio é a chave para a evolução, porém não é tarefa fácil! Pelo contrário, é preciso uma grande coragem para reconhecer que teremos de caminhar muito pela estrada do crescimento espiritual que nos aguarda. Podemos sofrer com essa percepção, ou assumir a responsabilidade de ser proativos no reconhecimento e no afloramento do tesouro de potencialidades divinas de que o Criador nos dotou.

A psicologia profunda nos revela não só os equívocos a ser corrigidos, mas também o reconhecimento de nossas tendências, que deverão ser transformadas em qualidades conforme nos esclarece o autor espiritual André Luiz em sua obra *Missionários da luz*.

O presente texto do amigo De Lucca nos aponta caminhos ao propor uma outra forma de ver a nós mesmos e entender as situações. Nos incentiva a corrigir os desvios que cometemos, a eliminar a culpa e a vitimização, e a assumir a responsabilidade pelo autoencontro, motivados pela fé e pela esperança.

Em *Dentro de mim*, ele nos alerta que o sofrimento é uma escolha humana daquele que se desconhece. O degelo do *iceberg* permitirá que a luz dos sentimentos sublimes brilhe intensamente em cada um de nós.

O autoconhecimento permitirá que nos olhemos no espelho da alma, reconhecendo a nossa verdadeira natureza de filhos do Amor. Quanto mais trabalharmos no campo do autoconhecimento, mais nos descobriremos como criaturas divinas. Esse é o processo de construção da autoestima, única forma de desenvolvermos empatia, ou seja, de vivenciarmos o ensinamento de Jesus: amar ao próximo como a si mesmo. O amor ao próximo acontece na mesma proporção de nossa autoestima, do amor que conseguimos angariar por nós mesmos.

Dentro de mim propõe o autoencontro como uma meta a ser alcançada gradativamente, com trabalho, alegria e responsabilidade, rumo à evolução que nos aguarda, na condição de espíritos adultos e proativos diante das leis do Criador.

Obrigada, querido amigo, por proporcionar-me esses momentos de reflexão.

Que a fé, o amor, a autoestima e a esperança sejam a motivação para despertarmos o anjo que mora dentro de cada um de nós.

Esse é o convite que *Dentro de mim* faz a cada leitor!

ERCÍLIA ZILLI

PSICÓLOGA, MESTRE E DOUTORANDA EM CIÊNCIA DA RELIGIÃO PELA PUC – PONTIFÍCIA UNIVERSIDADE CATÓLICA DE SÃO PAULO. PRESIDENTE DA ABRAPE – ASSOCIAÇÃO BRASILEIRA DE PSICÓLOGOS ESPÍRITAS.

"DENTRO DE MIM" PROPÕE O AUTOENCONTRO COMO UMA META A SER ALCANÇADA GRADATIVAMENTE, COM TRABALHO, ALEGRIA E RESPONSABILIDADE, RUMO À EVOLUÇÃO QUE NOS AGUARDA, NA CONDIÇÃO DE ESPÍRITOS ADULTOS E PROATIVOS DIANTE DAS LEIS DO CRIADOR.

QUE A FÉ, O AMOR,
A AUTOESTIMA E A
ESPERANÇA SEJAM
A MOTIVAÇÃO PARA
DESPERTARMOS O ANJO
QUE MORA DENTRO DE
CADA UM DE NÓS.
ESSE É O CONVITE QUE
"DENTRO DE MIM" FAZ
A CADA LEITOR!

VAI
PASSAR

★

— MINHA MÃE, COMO PODEREI VENCER AS MINHAS DIFICULDADES? SINTO-ME ABANDONADO NA ESTRADA ESCURA DA VIDA...

— ISSO TAMBÉM PASSA! – DIZIA ELA, CARINHOSAMENTE. – SÓ O REINO DE DEUS É BASTANTE FORTE PARA NUNCA PASSAR DE NOSSAS ALMAS, COMO ETERNA REALIZAÇÃO DO AMOR DIVINO.

FRANCISCO C. XAVIER, HUMBERTO DE CAMPOS [ESPÍRITO]. "BOA NOVA". FEB.

— Minha mãe, como poderei vencer as
minhas dificuldades? Sinto-me abandonado
na estrada escura da vida…

— Isso também passa! – dizia ela, carinhosamente. – Só
o reino de Deus é bastante forte para nunca passar de
nossas almas, como eterna realização do amor divino.

O DIÁLOGO QUE ABRE ESTE CAPÍTULO OCORREU EN-
tre um homem muito aflito e Maria, a mãe
de Jesus. As palavras abençoadas de Nossa Senhora chegam até nós ainda hoje com a mesma força
consoladora de outrora.

Tudo passa!

Não há mal que perdure para sempre. Não há dor
que se eternize. Não há treva que resista à luz. Todo mal
é passageiro, toda dor é temporária. Por essa razão, o
suicídio é uma "solução" definitiva para um problema
temporário: uma dose excessiva e inócua para uma dor
que, com o passar do tempo, encontraria naturalmente

o seu fim. O suicídio, porém, não soluciona a dificuldade que nos sufoca; ao contrário, agrava-a.

Melhor pensar que o problema de hoje está de passagem. Mais dia, menos dia, ele será apenas uma lembrança na história de sua vida, assim como hoje você se recorda de outras tantas adversidades já superadas.

Quantas vezes você imaginou que não teria forças para seguir adiante, e as forças brotaram das suas entranhas mais secretas e o conduziram à vitória? Quantas vezes você pensou que era chegado o fim, mas tudo não passou de um recomeço que o levou a situações melhores? Quantas vezes você acreditou que seu problema não tinha mais solução, e, inesperadamente, a solução surgiu de onde menos se esperava?

Maria de Nazaré, a Mãe Espiritual de todos nós, afirma que todo mal é passageiro, e somente o Reino de Deus tem força suficiente para nunca passar. Então, no momento da aflição, não devemos olhar para o abismo nos chamando para a derrota. É hora de olharmos para o céu, de onde viemos, e abrirmos a nossa mente e o coração para a poderosa força da vida que Deus soprou em cada um de nós no momento que nos criou![1]

À medida que nos entregamos à experiência de sentir a força da vida em nós, somos preenchidos de paz, serenidade e confiança em nossas possibilidades de

---

[1]   *Gênesis* 2:7.

superarmos as adversidades. A força divina dentro da gente começa a mudar o cenário da vida lá fora! O poeta Caio Fernando Abreu chamou essa força divina de "impulso vital" e mostrou, com rara sensibilidade, como ela pode fazer nossa vida seguir adiante, apesar das nuvens sombrias que pairam sobre nós:

Vai passar, tu sabes que vai passar. Talvez não amanhã, mas dentro de uma semana, um mês ou dois, quem sabe? O verão está aí, haverá sol quase todos os dias, e sempre resta essa coisa chamada "impulso vital". Pois esse impulso às vezes cruel, porque não permite que nenhuma dor insista por muito tempo, te empurrará quem sabe para o sol, para o mar, para uma nova estrada qualquer e, de repente, no meio de uma frase ou de um movimento te surpreenderás pensando algo como "estou contente outra vez". Ou simplesmente "continuo", porque já não temos mais idade para, dramaticamente, usarmos palavras grandiloquentes como "sempre" ou "nunca". Ninguém sabe como, mas aos poucos fomos aprendendo sobre a continuidade da vida, das pessoas e das coisas. Já não tentamos o suicídio nem cometemos gestos tresloucados. Alguns, sim – nós, não. Contidamente, continuamos. E substituímos expressões fatais como "não resistirei" por outras mais mansas, como "sei que vai passar".[2]

Todo o mal um dia passará, indiscutivelmente. Deixemos que esse impulso vital nos leve adiante e nos tire do abismo da derrota, das águas fundas da nossa tristeza, da janela de um edifício...

Aguente firme, a tempestade passa, pode nos encharcar, mas passa. Depois, o sol seca a nossa alma enregelada. O Reino de Deus, de onde brota o impulso vital, está pronto para crescer em cada um de nós, e o Reino não está longe nem fora, está dentro de mim, está dentro de você! Pacientemente, permita-se esse movimento de Deus em sua vida, a partir do seu coração.

Vai passar!

2   Disponível em: <http://caiofabreu.blogspot.com/>. Acesso em: 16 jul. 2019.

AGUENTE FIRME, A
TEMPESTADE PASSA, PODE
NOS ENCHARCAR, MAS
PASSA. DEPOIS, O SOL
SECA A NOSSA ALMA
ENREGELADA. O REINO
DE DEUS, DE ONDE BROTA
O IMPULSO VITAL, ESTÁ
PRONTO PARA CRESCER

EM CADA UM DE NÓS, E O REINO NÃO ESTÁ LONGE NEM FORA, ESTÁ DENTRO DE MIM, ESTÁ DENTRO DE VOCÊ! PACIENTEMENTE, PERMITA-SE ESSE MOVIMENTO DE DEUS EM SUA VIDA, A PARTIR DO SEU CORAÇÃO. VAI PASSAR!

O GRÃO,
O TRIGO
E O PÃO

★

EU AFIRMO A VOCÊS QUE, SE O GRÃO
DE TRIGO NÃO FOR LANÇADO NA TERRA
E NÃO MORRER, ELE CONTINUARÁ
A SER APENAS UM GRÃO. MAS, SE
MORRER, DARÁ MUITO TRIGO.

JESUS

"JOÃO" 12:24. "A BÍBLIA NA LINGUAGEM DE HOJE:
O NOVO TESTAMENTO". SOCIEDADE BÍBLICA DO BRASIL.

Eu afirmo a vocês que, se o grão de trigo não for lançado na terra e não morrer, ele continuará a ser apenas um grão. Mas, se morrer, dará muito trigo.

JESUS

QUANDO PASSAMOS POR UMA FASE DE EXTREMA DIficuldade, quando nos sentimos num beco sem saída, quando todas as tentativas de solução não tiveram êxito, quando as nossas preces parecem não ser ouvidas, saibamos que estamos num momento muito importante da nossa evolução.

Quando nada muda por fora é porque algo precisa mudar primeiramente em nós mesmos! A situação dolorosa não se modifica, porque seu fim é nos modificar. Se não mudamos por dentro, nada muda por fora. Nesses momentos em que nada parece dar certo, a sabedoria divina deseja nos levar a um estado superior de consciência, a uma percepção mais abrangente sobre quem somos e o que temos feito da nossa vida. O propósito é o de nos tornarmos mais conscientes sobre as nossas escolhas e as consequências que elas têm gerado, tudo isso para que, a partir de um ponto de vista mais elevado, possamos agir com mais acerto.

Aprofundando esse conceito, precisamos considerar que, segundo mensagem espiritual do Apóstolo Paulo, todos nós fomos criados para o "culto harmonioso do belo e do bem idealizados pelo arquétipo humano, pelo homem-deus, por Jesus Cristo".[3] Todas as vezes que nos afastamos desse objetivo, criamos o sofrimento em nós, cuja finalidade é despertar a nossa atenção para o desvio de rota que fizemos. A partir dessa tomada de consciência, haveremos de retomar o caminho do "culto harmonioso do belo e do bem", que outra coisa não é senão o amor em nossa vida!

Portanto, para mudar o problema, é preciso, primeiro, mudar o "problemático". Muitas vezes, porém, procuramos a solução externa para os problemas, sem, todavia, rever pensamentos, crenças, sentimentos e atitudes que, via de regra, são as causas das nossas dificuldades.

A doença, por exemplo, é a perda relativa da nossa harmonia que começou na mente e desaguou no corpo. Para curar a doença é necessário, antes de tudo, curar o

---

3   Allan Kardec. *O livro dos Espíritos*. Tradução de J. Herculano Pires. FEESP. [questão 1009]

doente, restabelecendo-lhe a harmonia perdida. A partir dessa nova consciência, ele escolherá posturas mais saudáveis, recuperando essa harmonia e, portanto, a própria saúde. Tudo em nós e à nossa volta reflete nosso nível de consciência! Somente quando a consciência se amplia é que as transformações ocorrem. "Conhecereis a verdade, e a verdade vos libertará", disse Jesus.[4]

Na mensagem que abre este capítulo, Jesus afirma que o grão de trigo que não morrer continuará a ser apenas um grão. Mas o que morrer dará muito trigo. Há aqui um princípio espiritual de que as transformações positivas de nossa vida só ocorrem quando deixamos "morrer" algo que, em nós, se tornou obsoleto, caduco, imprestável, dolorido, disfuncional.

Se não deixarmos o grão morrer, ele continuará a ser apenas um grão, e nossa vida dorida não mudará. Se continuarmos a cultivar nossos desequilíbrios – como, por exemplo, mágoas, ódios, culpas, vitimismo, complexos de inferioridade, rebeldia, ciúme –, o sofrimento não passará. Mas, se deixarmos o grão apodrecido morrer, nossa vida dará muitos frutos na árvore da felicidade, porque nossa consciência terá se expandido e a percepção da vida irá se tornar mais iluminada.

----

4   *João* 8:32. *Bíblia sagrada*. Tradução oficial da CNBB. CNBB.

Sei que resistimos a deixar morrer essas coisas. Que paradoxo é esse, de termos dificuldade de soltar o que nos faz sofrer? Jean-Yves Leloup, teólogo, responde à questão afirmando que é o "medo de deixar o conhecido pelo desconhecido, pois para encontrar é preciso perder. Perder suas seguranças, seus pontos de apoio".[5] Nosso ego adoecido faz da dor seu ponto de apoio para sobreviver. É assim que ele se sente vivo, que ele chama a atenção para si. Por isso ele se alimenta de lutas, guerras, dores, doenças, traições, injúrias, sacrifícios, punições...

Ele precisa exibir suas feridas para se sentir vivo, notado, quem sabe, amado, e, assim, tem muita resistência a esquecer o que lhe fez sofrer, a perder os "troféus" do seu ego dominador. Daí a sua dificuldade de perdoar, esquecer o mal, libertar-se do passado, deixar o grão morrer...

Nosso desafio é compreender que o trigo nasce apenas quando o grão morre. Enquanto isso não for assimilado, o ego adoecido sofrerá cada vez mais, ficará tão inchado, tão mórbido, até o instante em que uma forte hemorragia o deixará exausto de tanto sofrimento, de tantas lutas inglórias, de tanto procurar o amor sem nunca o encontrar. Essa pode ser a hora da doença, dos sonhos desmoronados, da perda do ser amado, do rompimento da relação afetiva, da falência ou de qualquer outro "tsunami" existencial.

---

5   Jean-Yves Leloup. *A sabedoria que cura*. VOZES.

É o momento, então, de abandonarmos a relutância em deixar morrer o passado. Exauridos, devemos reconhecer que é preciso construir vida nova, mas faremos isso não mais comandados pelo egocentrismo, e, sim, pelo amor que devemos a nós mesmos. A partir de então, já não mais carregaremos o fardo de um "eu" profundamente infeliz: ele terá dado passagem ao amor que faz o trigo virar pão.

É O MOMENTO DE ABANDONARMOS A RELUTÂNCIA EM DEIXAR MORRER O PASSADO. É PRECISO CONSTRUIR VIDA NOVA. NÃO MAIS CARREGAREMOS O FARDO DE UM "EU" PROFUNDAMENTE INFELIZ: ELE TERÁ DADO PASSAGEM AO AMOR QUE FAZ O TRIGO VIRAR PÃO.

LEI
DO BEM

★

VAMOS CONFIAR MAIS EM DEUS E
OBEDECER ÀS SUAS MAGNÂNIMAS LEIS. SE
TRABALHARMOS EM FAVOR DO BEM, O BEM
VIRÁ AO NOSSO ENCONTRO. ESTA É A LEI.

FRANCISCO DE ASSIS

"MINUTOS DE CONTEMPLAÇÃO".
COMPANHIA EDITORA NACIONAL.

Vamos confiar mais em Deus e obedecer às Suas
magnânimas leis. Se trabalharmos em favor do
bem, o bem virá ao nosso encontro. Esta é a lei.

FRANCISCO DE ASSIS

QUANDO NOSSOS PLANOS DESMORONAM, QUANDO A derrota nos visita, quando mergulhamos num labirinto de problemas sem aparente explicação, começamos a duvidar da justiça e da bondade de Deus, esfriando nossa relação com o Criador. Por essa razão, São Francisco pede para termos mais confiança em Deus, porque, por meio dela, haveremos de mais facilmente transpor o momento difícil.

A confiança estabelece nossa firme conexão com o Pai, e, dessa forma, uma corrente de forças poderosas revigora nosso espírito abatido. Um exemplo dessa confiança libertadora está nas palavras do *Salmo* 23, atribuído a Davi:

O Senhor é o meu pastor, nada me falta. Ele me faz descansar em verdes prados, a águas tranquilas me conduz.

Restaura minhas forças, guia-me pelo caminho certo, por amor do seu nome.

Se eu tiver de andar por vale escuro, não temerei mal nenhum, pois comigo estás. O teu bastão e teu cajado me dão segurança.

Diante de mim preparas uma mesa aos olhos de meus inimigos; unges com óleo minha cabeça, meu cálice transborda.

Felicidade e graça vão me acompanhar todos os dias da minha vida e vou morar na casa do Senhor por muitíssimos anos.[6]

Para chegarmos a esse nível de confiança que Davi atingiu, devemos partir de duas premissas apresentadas por Jesus ao longo do Evangelho: 1) Deus é nosso Pai; 2) Ele está no interior de cada criatura. Como consequência, Deus jamais pode estar distante de seus filhos ou desinteressado pelo que ocorre a cada um deles. Assimilar interiormente essas premissas é um passo fundamental para quem deseja restaurar a confiança no poder que nos criou.

---

6 *Salmo 23. Novo Testamento e Salmos.* Tradução da CNBB. CANÇÃO NOVA.

Como afirmou um Espírito amigo: "Deus está em nós, e devemos permanecer em Deus."[7] Interiorizar a verdade do "Deus em mim", não apenas no plano racional, mas como uma experiência sentida, estruturará o nosso ser com os pilares do amor, da sabedoria e da resiliência frente às adversidades. Façamos isso no momento da prece, da meditação, quando estivermos observando o céu, as estrelas, a lua, o sol, a imensidão do universo, e sintamos que tudo isso é expressão de Deus, da qual também fazemos parte. A nossa natureza é divina!

Há momentos em que observo meus filhos e percebo claramente que eu estou neles, seja na aparência física, seja num determinado modo de agir muito parecido com o meu, seja na forma de se expressarem. Eles não são cópias minhas, mas guardam em si alguns aspectos meus, como eu mesmo conservo alguns do meu pai; meu pai, do meu avô, e assim sucessivamente. E, nesse encadeamento, remontando à "escala zero", vamos concluir que nosso DNA é de Deus!

Jesus tinha essa consciência ao dizer: "Eu e o Pai somos um".[8] Nosso desafio é atingir esse grau de percepção, o qual também compreende a consciência de que "eu e o próximo somos um", "eu e a natureza somos

7   Francisco C. Xavier, Hércio M.C. Arantes [org.], Walter [Espírito]. *Amor sem adeus*. IDE.

8   *João* 10:30. *Bíblia de Jerusalém*. PAULUS.

um", "eu e o animal somos um". São Francisco de Assis refletiu em sua vida a consciência da unidade divina. Por isso ele sentia a tudo e a todos como irmãos e os chamava desta forma: o irmão leproso, a irmã ave, o irmão lobo, o irmão Sol, a irmã Lua, a irmã morte, tal o estado de fusão com que ele se relacionava com a obra de Deus, a começar por ele mesmo.

Nossas dores existenciais nascem quando, ao invés de vivermos o estado de fusão, manifestamos o estado de separação – separação de nós mesmos, separação do próximo, separação da criação divina, separação de Deus. É como se deixássemos o céu para vivermos no inferno do egoísmo e do orgulho, no contrafluxo do amor, adotando a lei do "olho por olho, dente por dente", tendo como resultante a dor em forma de medo, conflitos, insegurança, carências, vazio interior, doenças e tantos outros padecimentos.

A vida de Francisco gravitava em torno da fraternidade, do sentimento de fusão com a obra divina, tendo certa feita recomendado que todos deveríamos nos portar como filhos da mesma mãe,[9] isto é, como irmãos. Assim agindo, sentiríamos o "Deus conosco", e dessa experiência nasceria em nós o dom da plenitude. Nenhum

---

9   John M. Talbot, Steve Rabey. *Lições de São Francisco*. BEST SELLER.

temor, nenhuma carência, nenhum medo nos assustaria. Em nosso ser haveria apenas a suave presença divina!

Francisco pregou pouco e fez muito. Não apreciava longos discursos nem leituras longas. Por isso, tento agora não me alongar mais, pois ele já disse tudo: confiar em Deus, viver em harmonia e trabalhar em favor do bem.

Ele pode; nós também podemos!

A CONFIANÇA ESTABELECE NOSSA FIRME CONEXÃO COM O PAI, E, DESSA FORMA, UMA CORRENTE DE FORÇAS PODEROSAS REVIGORA NOSSO ESPÍRITO ABATIDO. CONFIAR EM DEUS, VIVER EM HARMONIA E TRABALHAR EM FAVOR DO BEM. NÓS PODEMOS!

CURA
INTERIOR
★

ENTÃO, BARTIMEU JOGOU A CAPA,
LEVANTOU-SE DEPRESSA, E FOI ATÉ JESUS.
EVANGELHO DE JESUS

"MARCOS" 10:50. "A BÍBLIA NA LINGUAGEM DE HOJE:
O NOVO TESTAMENTO". SOCIEDADE BÍBLICA DO BRASIL.

Então, Bartimeu jogou a capa, levantou-
se depressa, e foi até Jesus.

EVANGELHO DE JESUS

NESSE EMOCIONANTE RELATO DO EVANGELHO, VA-
mos aprender coisas importantes sobre a ação
terapêutica do Cristo, seu modo de agir, seu momento de curar. Jesus já estava se retirando da cidade
de Jericó, acompanhado de seus discípulos e de uma
grande multidão, quando passou pelo cego Bartimeu,
que se achava sentado à beira do caminho, pedindo esmolas. Sendo informado da presença de Jesus, Bartimeu
chamou-o: "Jesus, tem piedade de mim!". A multidão,
no entanto, reclamou e mandou Bartimeu calar a boca.
Mas ele gritou ainda mais alto: "Jesus, filho de Davi, tenha piedade de mim!".

Diante do grito de desespero, Jesus parou e mandou chamar quem clamava por seu nome. Ao ser informado, Bartimeu jogou a sua capa, levantou-se depressa e foi até Jesus. E o Mestre lhe formulou intrigante pergunta:

— O que você quer que eu faça?

Dou uma pausa na história para refletir sobre essa indagação de Jesus. Não tenho dúvidas de que ele tinha total domínio das reais necessidades de Bartimeu. Mas será que Bartimeu também tinha? A intenção da pergunta do Cristo era fazer o doente mergulhar em si mesmo, analisar a sua vida, o seu fardo, descobrir a verdadeira causa de sua dor, para então encontrar a solução adequada que o tiraria da situação aflitiva. Nem sempre temos essa clareza, fruto de um completo desconhecimento de nós mesmos. E, todas as vezes que pedirmos algum auxílio do céu, as forças divinas estarão nos formulando a mesma pergunta feita por Jesus a Bartimeu: "O que você quer que eu faça?".

Não raro, o que pedimos não é o que precisamos! Observo que muitas pessoas buscam ajuda espiritual para a solução de seus problemas sem ao menos refletirem sobre a parcela de responsabilidade que têm sobre a dificuldade que atravessam, como é o caso de alguém que pede ao médico um remédio para curar sua doença pulmonar sem que precise parar de fumar.

Outras vezes, ficamos no terreno da superficialidade, não pedimos o que é essencial em nossa vida, e passamos a nos comportar como o cachorro que vive correndo atrás do próprio rabo. Não saímos do lugar. Alguém que está com depressão por conta do término de uma relação afetiva, cujo parceiro está decidido a não reatar, seria sensato pedir a Jesus o regresso de quem não quer ficar? Não seria mais adequado pedir ao Cristo forças para se recompor, seguir sua vida, querer ser feliz e, se o caso, encontrar um novo amor? Estou certo de que esta última seria a solicitação a que Jesus atenderia!

Bartimeu deu a resposta essencial: "Eu quero voltar a ver, Mestre". Ele foi à raiz do problema, não ficou na superficialidade, rogando, por exemplo, que as pessoas tivessem mais pena dele e fossem mais generosas nas esmolas. No mesmo instante, Jesus afirma: "Vá, você está curado porque teve fé." Imediatamente, Bartimeu começou a enxergar e passou a seguir Jesus.

Todo o desenrolar dessa cura maravilhosa aconteceu em poucos minutos. Eu poderia aqui ficar exaltando os poderes miraculosos de Jesus. Mas acredito que estaria me desviando da grande lição que esse episódio encerra, e que o próprio Cristo deixou entrever, ao se reportar a Bartimeu, dizendo: "Vá, você está curado porque teve fé."

A fé de Bartimeu removeu montanhas! Mudou seu estado de espírito, abatido pela cegueira e pela situação de penúria material. Geralmente, quando nos encontramos assim, a apatia nos envolve, o desânimo nos paralisa, nossa voz se cala, nossas esperanças desaparecem. Porém Bartimeu, que estava sentado à beira do caminho, sem saber para onde ir, onde ficar, o que fazer, começa a sua cura quando resolve pedir ajuda a Jesus!

Toda cura, toda solução das dificuldades, em geral, começa pelo desejo de mudança! Um desejo que não se limita a um querer inativo, mas à tomada de atitudes que sinalizem a vontade de sair do fundo do poço, de não mais ficar sentado à beira do caminho. Mesmo quando a multidão manda Bartimeu ficar quieto, ele não se cala, e grita ainda mais alto. E foi esse grito que fez Jesus chamá-lo à sua presença!

Outra atitude que demonstra a vontade de mudança se dá quando Bartimeu joga fora a capa. Essa capa era uma espécie de traje usado por aqueles que viviam da comiseração pública. E Bartimeu, ao ser chamado por Jesus, joga fora a sua capa, o que significa que estava decidido a não mais viver daquele jeito, que almejava recuperar sua dignidade, viver do seu trabalho, restaurar as suas capacidades, governar sua vida. Efetivamente, Bartimeu deu mostras a Jesus de que não queria mais ficar sentado à beira do caminho!

Antes da cura exterior, Bartimeu fez uma cura interior. O forte e sincero propósito de transformação íntima alterou substancialmente seu padrão de energia, o qual se encontrava no ponto inerte, próximo da morte, e ele fez o caminho de volta, rumo ao desejo de viver e ser feliz! A partir dessa mudança íntima, Bartimeu abriu as portas para que Jesus lhe restituísse a visão.

E as nossas portas, estão abertas ou fechadas? Estamos olhando para o fundo do abismo ou mirando as estrelas no firmamento? Estamos cavando a nossa sepultura ou decididos a trabalhar por dias melhores? Estamos apegados às nossas capas ou decididos a jogá-las fora, como fez Bartimeu? Estamos lavrando nosso atestado de óbito ou nossa declaração de amor à vida? Estamos morrendo pela falta de amor do outro, sem nos darmos o amor que merecemos e do qual precisamos para sobreviver?

Como ocorreu a Bartimeu, Jesus está passando ao nosso lado neste momento. Ele espera o nosso chamado. Aguarda que joguemos as nossas capas de medo, de falta de amor próprio, de insegurança, vitimismo, infantilidade, comodismo, ressentimento, complexos, e tudo o mais que nos aprisiona à infelicidade. Jesus anseia nos curar!

Ele aguarda, no entanto, a nossa cura interior.

JESUS ESTÁ PASSANDO
AO NOSSO LADO NESTE
MOMENTO. ELE ESPERA O
NOSSO CHAMADO. JESUS
ANSEIA NOS CURAR!
ELE AGUARDA, NO
ENTANTO, A NOSSA
CURA INTERIOR.

SEMENTES

★

QUEM QUISER ENTENDER SUAS VIDAS
PASSADAS DEVE ANALISAR AS CONDIÇÕES
DE SUA VIDA PRESENTE. QUEM QUISER
ENTENDER SUAS VIDAS FUTURAS DEVE
ANALISAR O QUE ESTÁ FAZENDO HOJE.

BUDA

HSING YÜN. "BUDISMO:
CONCEITOS FUNDAMENTAIS". CULTURA.

Quem quiser entender suas vidas passadas deve analisar as condições de sua vida presente. Quem quiser entender suas vidas futuras deve analisar o que está fazendo hoje.

BUDA

SOMOS ESPÍRITOS IMORTAIS, VIAJANTES NA ETERNIDAde, cuja missão é a descoberta do divino dentro de nós, do deus interior a que se referiu Jesus. Ainda estamos encobertos pela poeira da ignorância de quem somos, por isso nos desconectamos de nós mesmos e vivemos apenas ao sabor das ocorrências do mundo externo. A religião tem por objetivo ajudar o homem a se religar a Deus, não a uma divindade exterior, mas à essência sagrada.

Na busca por iluminação interior, passamos por inúmeras experiências que objetivam o despertamento das duas maiores potências do nosso espírito, quais sejam: a sabedoria e a bondade. Segundo o Espiritismo, essas virtudes são adquiridas por meio de sucessivas existências (reencarnações), até que o espírito, por seus méritos, liberte-se das negatividades do seu ego adoecido (orgulho e egoísmo) e passe a ser governado por sua alma sábia e amorosa.

Nesse incrível projeto divino, cada existência (reencarnação) é um capítulo na escola da vida, e todos os capítulos estão ligados uns aos outros, a fim de que o espírito compreenda a trajetória que vem escolhendo para si mesmo. Tudo o que plantamos numa existência anterior desabrocha na existência atual, tanto as boas quanto as más sementes. E tudo o que plantarmos hoje haveremos de colher em existências futuras.

Por vezes, nem precisaremos aguardar uma próxima encarnação, pois o retorno de nossos atos pode se dar ainda na própria existência em que eles foram praticados. Aliás, isso tem acontecido com muita frequência, uma vez que a humanidade já se encontra suficientemente instruída quanto à lei de causa e efeito. Não importa, portanto, o tempo em que a resposta virá: a lição que devemos assimilar é que toda causa implica um efeito. Vale dizer: tudo o que plantarmos haveremos de colher, hoje ou amanhã, nesta existência ou em existências vindouras.

Esse processo de "semeadura e colheita" (ação e reação) não tem por finalidade punir a criatura que se equivoca, mas apenas sinalizar o distanciamento do reino divino que está nela mesma, a fim de que ela amplie a consciência a respeito de suas condutas e abandone aquilo que lhe for prejudicial. Segundo Deepak Chopra, a melhor maneira de nos libertarmos das consequências negativas das ações passadas é nos formularmos as seguintes perguntas: "O que estou aprendendo com essa experiência?"; "Por que isto está acontecendo?"; "Qual é a mensagem que o universo está me transmitindo?"; "Como posso tornar útil esta experiência para meus semelhantes?".[10]

Aceitar o desafio dessas indagações, com toda a humildade possível, ampliará a consciência de nós mesmos, e, a partir de então, nossas ações tenderão a se afastar dos antigos padrões disfuncionais, responsáveis pelo sofrimento em nossa vida, aproximando-nos da consciência expandida e iluminada pelo autoconhecimento.

Deus, que é o Pai de bondade, não se prestaria a castigar seus próprios filhos. No entanto, Jesus explicou:

O Pai tem o seu plano determinado com respeito à Criação inteira; mas, dentro desse plano, a cada criatura cabe uma parte na edificação, pela qual terá de responder. Abandonando o trabalho divino para viver ao sabor dos caprichos próprios, a alma cria para si a situação correspondente, trabalhando para reintegrar-se

---

10   Deepak Chopra. *As sete leis espirituais do sucesso*. BEST SELLER.

no plano divino, depois de se haver deixado levar pelas sugestões funestas, contrárias à sua própria paz.[11]

Compreendemos, portanto, que, na maior parte dos casos, a dificuldade é consequência das nossas tendências inferiores, manifestadas a partir de um grau de consciência ainda fortemente atrelado ao egoísmo e ao orgulho (caprichos próprios). E que a lei de causa e efeito, trabalhando a abertura da nossa consciência, apenas deseja nos reintegrar ao plano divino (amor e sabedoria), do qual a felicidade é simples decorrência.

Por isso, diante dos problemas que nos cercam, procuremos não reafirmar nossas tendências inferiores, como raiva, irritação, ódio, beligerância, revolta, vitimismo, desamor, porque tais comportamentos somente nos prendem às causas dos nossos sofrimentos. Mas, se procurarmos subir degrau a degrau, agindo com paciência, tolerância, generosidade, perdão, compreensão, bondade, estima por nós mesmos, criaremos causas positivas, que nos trarão uma vida mais favorável. Essa é a chave de libertação dos ciclos de dor e sofrimento em que temos nos mantido há séculos!

---

11   Francisco C. Xavier, Humberto de Campos [Espírito]. *Boa nova*. FEB. (Nessa monumental obra, Humberto de Campos revela histórias e ensinamentos de Jesus que são objetos de estudo nas escolas do mundo espiritual.)

Ouçamos Yogananda:

Deus não é tocado por preces e louvores insinceros, nem por ignorantes explosões ateístas. Ao homem Ele responde apenas por meio da lei. Golpeie uma pedra com os nós dos dedos ou beba ácido sulfúrico, e terá de arcar com as consequências. Transgrida as leis divinas da vida, e o sofrimento virá. Pense corretamente, comporte-se com nobreza, e a paz virá. Ame a Deus incondicionalmente, e Ele virá![12]

Fiquemos mais atentos ao nosso proceder, observando nossas atitudes, nossos pensamentos, sentimentos e palavras. Eles são sementes que, cedo ou tarde, brotarão em nosso caminho! Cultivemos mais a nossa vida interior, olhando mais para dentro, reparando mais em nós do que nos outros, livrando a nossa alma de tudo aquilo que pesa, que machuca, que complica, ornando-a com o que é bom, belo e justo.

Mais oração, silêncio e meditação. E tudo o mais virá por acréscimo!

12   Paramahansa Yogananda. *Assim falava Paramahansa Yogananda*. SELF-REALIZATION FELLOWSHIP.

FIQUEMOS MAIS
ATENTOS AO NOSSO
PROCEDER, OBSERVANDO
NOSSAS ATITUDES,
NOSSOS PENSAMENTOS,
SENTIMENTOS E PALAVRAS.
ELES SÃO SEMENTES
QUE, CEDO OU TARDE,
BROTARÃO EM
NOSSO CAMINHO!

LIBERTANDO-SE DAS HISTÓRIAS

★

AS COISAS SÃO APENAS O QUE IMAGINAMOS QUE SÃO.

EPICTETO

APUD LÉON DENIS. "O PROBLEMA DO SER, DO DESTINO E DA DOR". FEB.

As coisas são apenas o que imaginamos que são.

EPICTETO

PRECISAMOS FAZER UMA DISTINÇÃO CLARA ENTRE OS fatos que ocorrem em nossas vidas e as histórias que nós criamos a partir desses acontecimentos.

Alguém sofre um acidente e fica paralítico. Nesse exemplo, o acidente e a paralisia são os fatos objetivos e concretos, a respeito dos quais não se pode discutir. Trata-se de uma realidade inegável. A partir dos fatos, porém, poderemos criar histórias que, necessariamente, não serão uma consequência lógica e natural daquilo que nos sucedeu. Quando, no caso narrado, a pessoa diz que, por conta do acidente, sua vida acabou, isso não é um fato: é apenas uma interpretação negativa a respeito do ocorrido, que bem poderia receber um outro tipo de leitura, sem fatalismo.

Não quero dizer que o acidente e a paralisia sejam acontecimentos agradáveis e que a vítima deveria ficar feliz com o que lhe sucedeu. Não é isso! Estou dizendo apenas que, apesar da ocorrência inegavelmente desagradável, não é preciso, necessariamente, colocar mais drama na situação, a qual, por si só, já é difícil e, portanto, dispensa mais peso.

A melhor estratégia nasce da aceitação daquilo que nos ocorreu e da nossa capacidade de transformar as dificuldades em degraus do nosso crescimento. Diria que é algo semelhante ao processo da alquimia: transformar metais não preciosos em ouro. O psicólogo Cristiano Nabuco de Abreu justifica:

> *Em vez de nos defendermos das crises e dos momentos de dor, deveríamos agradecer aos acontecimentos desastrosos, pois é apenas a partir deles que temos a possibilidade de rever nossa estrutura e nos tornarmos mais robustos. Flertar com o abismo e com o desconforto emocional, embora muitas vezes seja desgastante, possibilita considerar a vida a partir de novas premissas.*[13]

---

13   Cristiano Nabuco de Abreu. *Psicologia do cotidiano.* ARTMED.

Creio que quase todos nós conhecemos pessoas que passaram por situações dolorosas, mas nem por isso suas vidas se tornaram uma tragédia. Certa feita, participei de um debate em que o tema era a valorização da vida. Para minha surpresa, um dos convidados era um jornalista, que entrou no palco numa cadeira de rodas. Ele participou das discussões com inteligência, bom humor e otimismo, contagiando a todos.

Encerrado o encontro, fiz-lhe a pergunta que não queria calar: "De onde você tira esse astral tão bom?". Com um leve sorriso, contou-me que, por volta dos cinquenta anos, havia sofrido um grave acidente de carro, ficando tetraplégico. Depois do impacto, ao constatar que, dali em diante, passaria o restante de sua vida numa cadeira de rodas, percebeu que, se interpretasse o acidente como uma desgraça, ele se afundaria num mar depressivo e sem saída. Mas, se pudesse aceitar o que lhe havia ocorrido e, a partir disso, compreender que havia um propósito superior naquilo tudo, e que a cadeira de rodas seria uma espécie de "professora", capaz de lhe ensinar coisas que ele, até então, não tinha aprendido, seu destino poderia ser bem melhor.

Foi o que aconteceu. Ele não aceitou a cadeira de rodas como o episódio final de sua vida e passou a refletir a respeito do propósito daquilo tudo. E se deu conta de que estava vivendo como um "paralítico" antes do acidente, enterrando seus talentos, acomodando-se, negando-se a qualquer esforço de progresso, sendo menos do que podia ser, sem sonhos, sem vontade, ousadia, como uma flor que, plantada em boa terra, se recusava a crescer. E o propósito de Deus era que a flor desabrochasse!

Aquela flor murcha, ao sabor da tempestade, foi estudar jornalismo e se tornou um influente líder comunitário na defesa dos direitos dos cidadãos portadores de deficiência física. Ontem, ele era um pigmeu com pernas saudáveis. Hoje, é um gigante numa cadeira de rodas. E isso só porque se recusou a criar uma história triste para si!

PRECISAMOS FAZER UMA DISTINÇÃO CLARA ENTRE OS FATOS QUE OCORREM EM NOSSAS VIDAS E AS HISTÓRIAS QUE NÓS CRIAMOS A PARTIR DESSES ACONTECIMENTOS.

A MELHOR ESTRATÉGIA NASCE DA ACEITAÇÃO DAQUILO QUE NOS OCORREU E DA NOSSA CAPACIDADE DE TRANSFORMAR AS DIFICULDADES EM DEGRAUS DO NOSSO CRESCIMENTO.

SORVETE
DE PALITO

★

É VERDADE QUE VOCÊ DEVE ACEITAR SEU
ESTADO ATUAL. É VERDADE QUE A VIDA,
COMO SE MANIFESTA, NÃO PODE SER
PERFEITA. TODAVIA, NÃO É ESTE FATO
QUE O TORNA INFELIZ. O QUE CRIA O
PROBLEMA É SUA EXIGÊNCIA DE QUE A
VIDA DEVE SER PERFEITA E DE QUE LHE
DEVE SER ENTREGUE EM SUA PERFEIÇÃO.

EVA PIERRAKOS

EVA PIERRAKOS. "O CAMINHO
DA AUTOTRANSFORMAÇÃO". CULTRIX.

É verdade que você deve aceitar seu estado atual. É verdade que a vida, como se manifesta, não pode ser perfeita. Todavia, não é este fato que o torna infeliz. O que cria o problema é sua exigência de que a vida deve ser perfeita e de que lhe deve ser entregue em sua perfeição.

EVA PIERRAKOS

A EXIGÊNCIA DE UMA VIDA PERFEITA É A MAIOR INImiga da felicidade possível. Porque, sendo a vida perfeita impossível de ser alcançada neste plano de existência, passamos a viver num estado de insatisfação crônica, esta sim, a grande ladra da felicidade. Acredito que muitos de nós fomos criados como "príncipes" ou "princesas", crescemos sonhando com nossos "castelos", que chegaria o dia em que assumiríamos o "trono" de uma vida perfeita e seríamos felizes para sempre…

Entramos na vida adulta, porém, e verificamos que aquelas elevadas expectativas, no mais das vezes, não se confirmam, o que nos leva à frustração existencial, a um estado de rebeldia, de não aceitação da realidade, e, com isso, não conseguimos sequer desfrutar da felicidade possível, que acena para nós quase todos os dias. Precisamos ter expectativas mais realistas, aconselha o psiquiatra Daniel Martins de Barros, pois "a vida não é cor-de-rosa e sem a ilusão de que tudo será perfeito, podemos ficar mais felizes na realidade".[14]

Estou certo de que, se abandonarmos o desejo de perfeição das pessoas, das situações e de nós mesmos, seremos capazes de enxergar muita coisa boa em nossa vida. Boa, não perfeita. Satisfatória, não maravilhosa. Legal, não incrível. E, quando isso acontecer, a felicidade começará a surgir em nossos olhos!

A ideia de redução das nossas expectativas não tem a ver com contentar-se com o pior. O pior é o pior, e com ele não podemos nos sentir confortáveis. O pior temos que mudar! Mas o bom, o suficiente, temos que reconhecer e louvar, afastando-nos da pressão pela busca do perfeito, por si só estressante, destruidora do nosso bem-viver e ainda inalcançável em nosso estágio de evolução.

Embora Jesus tenha se referido ao "sede perfeitos",[15] a proposta deve ser entendida como um objetivo a ser alcançado em nosso longo processo de desenvolvimento espiritual, de cujo ápice estamos ainda distantes. Para

---

14   Daniel Martins de Barros. *Pílulas de bem-estar.* SEXTANTE.
15   *Mateus* 5:48.

hoje, nossos esforços devem se dirigir ao aperfeiçoamento gradual, não à conquista da perfeição no "aqui e agora", propósito este que apenas estaria mascarando nosso orgulho e prepotência.

A humildade nos leva a reconhecer nosso real tamanho e nos faz aceitar a largura dos passos que conseguimos dar na busca por nosso melhor. A humildade põe cada um de nós mais perto de si, enquanto o orgulho nos afasta da nossa essência. A aceitação da própria realidade é a chave para quem deseja crescer e transformar o que lhe é possível. O perfeccionista não tem essa noção de aceitação, de compreensão de limites, pois deseja tudo transformar do dia para a noite, desrespeitando as naturais barreiras da condição humana. É como desejar que o homem das cavernas se transforme, de um dia para outro, num gênio da pintura, como Van Gogh.

E isso não significa que, como espíritos ainda trabalhando pelo seu progresso, estejamos condenados a viver num mar de sofrimento, impossibilitados de usufruir uma felicidade relativa, boa o suficiente.

Diana Gabanji e Jackie de Botton, fundadoras da *The School of Life* no Brasil, fizeram reflexões interessantes sobre o tema:

O conceito de "bom o suficiente" começou em relação à paternidade, mas o aplicamos em todas as áreas da nossa vida, especialmente em torno do trabalho e do amor, as grandes questões da vida moderna...

Se colocarmos o relacionamento na balança e ela estiver um pouco mais favorável, está valendo. Não precisamos (e talvez isso venha com um custo enorme) ter um daqueles relacionamentos que coloquem a balança lá em cima todos os dias...

Da mesma forma, um trabalho pode ser bom o suficiente. Nós podemos não ganhar uma fortuna, mas fazer alguns amigos de verdade, ter momentos de genuína empolgação e terminar alguns dias muito cansados, porém com um sentimento de verdadeira realização. É preciso muita coragem e habilidade para manter uma vida comum. Perseverar através dos desafios do amor, do trabalho e da criação dos filhos é silenciosamente heroico. Talvez devêssemos, com mais frequência, retroceder para reconhecer que nossa vida é boa o suficiente – e que isso já é, em si, uma grande conquista.[16]

---

16   Revista *Veja São Paulo*. Abril. [edição 6 fev. 2019]

Quando deixamos o mundo ideal e caímos no real, no que é e não no que deveria ser, abrindo mão das nossas elevadas expectativas, sem revoltas, procurando extrair o melhor possível de cada situação, diminuímos sensivelmente as frustrações que nos impedem de ter uma vida boa o suficiente. Quando aceitamos as incompletudes da existência, "despressionamos" nossa vida, uma onda de paz nos envolve, e a felicidade nos chama para tomar um sorvete de palito ali na esquina…

Aceita o convite?

QUANDO ACEITAMOS
AS INCOMPLETUDES
DA EXISTÊNCIA,
"DESPRESSIONAMOS"
NOSSA VIDA, UMA ONDA
DE PAZ NOS ENVOLVE, E A
FELICIDADE NOS CHAMA
PARA TOMAR UM SORVETE
DE PALITO ALI NA ESQUINA...
ACEITA O CONVITE?

CULTIVAR O ESPÍRITO DIVINO EM NÓS

★

HÁ EM TODA ALMA HUMANA DOIS CENTROS, OU MELHOR, DUAS ESFERAS DE AÇÃO E EXPRESSÃO. UMA DELAS, CIRCUNSCRITA À OUTRA, MANIFESTA A PERSONALIDADE, O "EU", COM SUAS PAIXÕES, SUAS FRAQUEZAS, SUA MOBILIDADE, SUA INSUFICIÊNCIA... A OUTRA, INTERNA, PROFUNDA, IMUTÁVEL, É, AO MESMO TEMPO, A SEDE DA CONSCIÊNCIA, A FONTE DA VIDA ESPIRITUAL, O TEMPLO DE DEUS EM NÓS.

LÉON DENIS

LÉON DENIS. "O PROBLEMA DO SER, DO DESTINO E DA DOR". FEB.

Há em toda alma humana dois centros, ou melhor, duas esferas de ação e expressão. Uma delas, circunscrita à outra, manifesta a personalidade, o "eu", com suas paixões, suas fraquezas, sua mobilidade, sua insuficiência... A outra, interna, profunda, imutável, é, ao mesmo tempo, a sede da consciência, a fonte da vida espiritual, o templo de Deus em nós.

LÉON DENIS

NUMA TENTATIVA DE SIMPLIFICAR O ENTENDIMENTO do nosso psiquismo, podemos dizer que ele se estrutura em dois níveis: o ego (também chamado de "eu inferior") e o "eu superior" (alguns o denominam de *self*, "eu profundo" ou "ser divino"). Imaginemos duas esferas concêntricas, figurando o "eu superior" como o núcleo central, envolto pela circunferência do ego. Essas estruturas se expressam e se interpenetram em níveis diferentes, a depender do grau de consciência de cada indivíduo.

O "eu superior" é a nossa essência, a centelha divina, a luz interior, o deus interno, pois fomos criados à imagem e semelhança de Deus, conforme rezam as escrituras sagradas.[17] Do "eu superior" emergem as nossas virtudes e os nossos potenciais, o nosso lado amoroso, belo, generoso, criativo, fraterno, alegre e saudável.

Já o ego seria uma estrutura psíquica mais grosseira, adequada para que o espírito, na sua viagem evolutiva, possa se inserir no mundo das formas, com alguma percepção de si mesmo, e, dotado do instinto de conservação, consiga lidar positivamente com os desafios do mundo exterior. Nesse sentido, o ego desempenha fator importante para o nosso equilíbrio psicológico, pois ele nos estrutura com o sentimento de valor e competência pessoal, por meio do qual nos expressamos adequadamente no mundo físico. Numa visão harmônica, o ego deve estar a serviço do "eu superior".

Entretanto, em grande parte das vezes, essa harmonia é rompida, pois, no dizer de Joanna de Ângelis, o ego:

> [...] *fixa-se, constritor, e passa à condição de algoz, dominando as paisagens do ser e sombreando-as para permanecer em predomínio.*[18]

17   *Gênesis* 1:26–28.
18   Divaldo Pereira Franco, Joanna de Ângelis [Espírito]. *Autoconhecimento*. LEAL.

Esse fenômeno foi descrito por Allan Kardec como sendo a fonte do egoísmo e do orgulho,[19] a partir do qual o ego exagera e o "eu" fica intoxicado pelo excesso de si mesmo.

Em razão da hipertrofia do ego, o "eu superior" permanece encoberto, manifestando-se em nós as negatividades do egoísmo e do orgulho, como prepotência, arrogância, violência, raiva, ressentimento, cobiça, insensibilidade à dor alheia, inveja, medo, ciúme e desamor, de uma forma geral. Sendo assim, parece nítida a constatação de que grande parte do nosso sofrimento de hoje está ligada ao ego dominador, que aspira a ser o centro do mundo e a estar no controle de tudo e de todos.

Nessa conjuntura, o "eu superior" nem sequer é percebido ou procurado, pois só nos interessam as conquistas do mundo de fora, do mundo palpável e concreto, embora sejam conquistas que dificilmente nos plenificam, pois, por mais gloriosas que sejam aos olhos do mundo, sempre acabaremos na condição de eternos insatisfeitos. Isso porque, no fundo, o nosso buraco é interior, impreenchível por qualquer tipo de riqueza material. Não raro, tentaremos preencher esse vazio com algum tipo de vício, com o que, na verdade, somente cavaremos um buraco ainda mais fundo para o nosso sofrimento.

19   Allan Kardec. *Obras póstumas.*

O nosso "eu superior" emitirá fortes sinais do quanto nossa alma está desnutrida e distante da sua realidade essencial. Os sinais virão das formas mais variadas, desde avisos de amigos e familiares, intuições do nosso anjo de guarda, mensagens em livros, sonhos, até em forma de doenças, perdas financeiras e afetivas, acidentes, obsessões espirituais... É nesses momentos que costumamos fazer as melhores mudanças em nossa vida. O propósito é curar o ego adoecido, até que ele se aquiete, volte ao seu tamanho natural e trabalhe para os propósitos do "eu superior", aquele que sabe o que, de fato, faz nossa alma feliz.

Sobre a atuação da essência divina, esclarece Léon Denis:

> *É somente quando este centro de ação domina o outro (o ego), quando suas impulsões nos dirigem, que se revelam nossas potências ocultas e que o Espírito se afirma em seu brilho e beleza. É por ele que estamos em comunhão com "o Pai que habita em nós", segundo as palavras do Cristo, com o Pai que é o foco de todo o amor, o princípio de todas as ações.*[20]

Concluindo, nossos esforços devem convergir para o cultivo crescente do espírito divino em nós (Léon Denis), o deixar brilhar a nossa luz, como orientou Jesus,

---

20   Léon Denis. *O problema do ser, do destino e da dor.* FEB.

o sentir o amor divino pulsando em nós. Nossa vontade deve estar dirigida para esse propósito. A oração e a meditação diárias são grandes aliadas na percepção da nossa natureza sagrada, a qual também irá se projetar para os demais instantes da nossa vida, a fim de que eles igualmente sejam momentos divinos, não egocêntricos.

A caridade desinteressada é outra prática fundamental, por meio da qual o amor vai aos poucos impregnando os nossos mínimos gestos. Não me refiro, aqui, apenas ao gesto da esmola. Falo, principalmente, da caridade de uma boa palavra, do perdão de uma ofensa, do sorriso a quem está triste, do pão a quem tem fome, do consolo ao desesperado. Nos momentos em que consigo entrar no estado amoroso, sou tomado por uma energia tão intensa e divina que pareço estar sendo transportado ao céu. Mas o único fenômeno que ocorre, na verdade, é a expansão da minha centelha divina, ainda que de forma pequena, mas suficiente para que eu sinta o efeito benéfico de uma fagulha de luz diminuindo o meu egoísmo.

A conjugação da vontade de ser bom, da oração, da meditação e da caridade coloca nosso ser na rota de uma vida verdadeiramente mais espiritualizada, enfim, uma vida mais feliz. Afinal, quando brilha nossa luz, toda a vida se ilumina!

A CONJUGAÇÃO DA
VONTADE DE SER
BOM, DA ORAÇÃO, DA
MEDITAÇÃO E DA CARIDADE
COLOCA NOSSO SER
NA ROTA DE UMA VIDA
VERDADEIRAMENTE
MAIS ESPIRITUALIZADA,
ENFIM, UMA VIDA MAIS
FELIZ. AFINAL, QUANDO
BRILHA NOSSA LUZ, TODA
A VIDA SE ILUMINA!

MEDITAÇÃO
★

PARA UM BOM DESEMPENHO EXISTENCIAL,
UM ADEQUADO PROCESSO DE
EVOLUÇÃO, TORNA-SE INDISPENSÁVEL
UMA ANÁLISE PROFUNDA DO SI, A
FIM DE ENFRENTAR A VIDA COM OS
SEUS DESAFIOS E ENCONTRAR AS
CONVENIENTES SOLUÇÕES. ENTRE OS
MUITOS MÉTODOS EXISTENTES, SOMOS DO
PARECER QUE A MEDITAÇÃO, DESTITUÍDA
DE COMPROMISSOS RELIGIOSOS OU
VÍNCULOS SECTARISTAS – MAIS COMO
TERAPIA QUE OUTRA QUALQUER
CONDIÇÃO – OFERECE OS MELHORES
RECURSOS PARA A INCURSÃO PROFUNDA.

JOANNA DE ÂNGELIS

DIVALDO PEREIRA FRANCO, JOANNA DE ÂNGELIS
[ESPÍRITO]. "VIDA: DESAFIOS E SOLUÇÕES". LEAL.

Para um bom desempenho existencial, um adequado processo de evolução, torna-se indispensável uma análise profunda do Si, a fim de enfrentar a vida com os seus desafios e encontrar as convenientes soluções. Entre os muitos métodos existentes, somos do parecer que a meditação, destituída de compromissos religiosos ou vínculos sectaristas – mais como terapia que outra qualquer condição – oferece os melhores recursos para a incursão profunda.

JOANNA DE ÂNGELIS

A MEDITAÇÃO É UM DOS MÉTODOS MAIS ANTIGOS UTIlizados para o contato do homem com a sua essência, o seu "eu superior", conforme abordamos no capítulo anterior. Como ainda somos predominantemente envolvidos pelo ego, nosso processo mental está ligado intensamente ao mundo exterior, ao desenvolvimento da inteligência, ao desejo de poder, riqueza e prestígio, o que explica tanta cobiça, violência, medo, destruição da natureza e guerras raciais, políticas e até religiosas. O ego hipertrofiado tem fome de supremacia, domínio e controle. E isso nos adoece profundamente, pessoal e coletivamente.

É preciso retomar a conexão com o nosso centro interior, nossa alma sábia e amorosa, percorrer o caminho de volta, como fez o filho pródigo na parábola contada por Jesus.[21] O filho que se deixou governar pelo ego adoecido desconectou-se da sua essência, abandonou a casa do pai e saiu pelo mundo para viver desregradamente. Dissipou totalmente a herança paterna e experimentou a solidão, a fome, a miséria e o abandono. O sofrimento por que passou fez seu ego diminuir, a ponto de fazê-lo escutar o chamado de sua alma para regressar à casa do Pai. A meditação, ao lado de outras condutas explicitadas neste livro, pode nos ajudar a não sairmos da casa do Pai ou, se já tivermos saído (o que é muito provável), voltarmos o mais depressa possível, a fim de evitarmos tanto sofrimento originado pela distância que tomamos do nosso centro divino.

A meditação é uma terapia que nos convida a um caminho de contato com a alma, um olhar para dentro, a fim de encontrar, sentir e viver a nossa essência divina, o Reino de Deus em nós, a criança interior como símbolo de ternura, pureza e amorosidade. Como afirmou Jesus: "Se não vos voltardes e vos tornardes como as criancinhas, de modo nenhum entrarei no Reino dos Céus."[22]

21 *Lucas* 15:11–32.
22 *Mateus* 18:3. *O Novo Testamento*. Tradução de Haroldo Dutra Dias. CONSELHO ESPÍRITA INTERNACIONAL.

O desenvolvimento espiritual não é uma luta contra o ego, assim como não se consegue combater a escuridão. Nosso propósito é fazer brilhar a nossa luz, como orientou Jesus.[23] Essa luz, no entanto, não está fora de nós; é uma realidade íntima, para a qual a meditação visa a nos conduzir.

Enquanto a oração é uma prática ativa, pois ela põe a alma no movimento do louvar, agradecer e pedir, a meditação é um método para colocar o ego em passividade, em silêncio, a fim de que o nosso "eu superior" se expanda, e, com ele, nossa luz interior brilhe, nossa sabedoria se manifeste, nosso amor irradie.

A meditação não invalida a oração; tampouco se trata de um método superior à prece. Oração e meditação são práticas que se integram e se complementam, ambas com o objetivo de nos ligar à fonte criadora da vida, o amor supremo e universal. Enquanto, na oração, o caminho é do homem para Deus, na meditação, o caminho é de Deus para o homem. Na oração, busca-se o preenchimento do ser. Na meditação, almeja-se o esvaziamento da mente.

Em termos práticos, para meditar, devem ser tomadas inicialmente as mesmas condutas adotadas para a oração. Procure um lugar tranquilo em que não possa

---

23   *Mateus* 5:16.

ser interrompido pelo mundo exterior. Sente-se confortavelmente; mantenha a coluna ereta, a respiração calma e tranquila; solte as tensões impregnadas no corpo. Durante esses momentos iniciais, é possível utilizar algum fundo musical para se obter um maior estado de relaxamento.

Em seguida, já estando menos acelerado, você entrará na meditação propriamente dita. Há várias técnicas de meditação, mas, aqui, vou sugerir uma bem simples e eficaz, que tenho utilizado com bons resultados. Basicamente, é a meditação do silêncio. Segundo Arly Cravo, a meditação deve contemplar: "Silêncio físico (não fazer nada), emocional (não querer nada) e mental (não pensar nada). Absolutamente simples e saudável."[24]

Silêncio físico sugere passividade física. Quietude do corpo. Silêncio do ambiente à nossa volta. Nenhuma música. O máximo de silêncio possível. Se algum ruído surgir, não se concentre nele. Sinta apenas a sua respiração.

Silêncio emocional pede quietude dos desejos. "Tudo tenho em estado meditativo. Minha alma está completa. Plenitude!"

---

24 Arly Cravo. *Somos mais interessantes do que imaginamos*, vol. I. CLUBE DE AUTORES.

Silêncio mental demanda não pensar em nada. Aí está um grande desafio quando iniciamos a prática da meditação. Nossa mente acelerada pensa muito e a toda hora. Isso é comum. Inevitavelmente, os pensamentos surgirão, mas não se incomode com isso. Apenas procure não se envolver com os pensamentos, não dialogue com eles. Deixe-os passar, sem se misturar a eles.

Todas as vezes que você se dispersar, volte a se concentrar na respiração. Sugere Daniel Goleman, renomado psicólogo e estudioso da meditação:

> *Quando sua mente for ocupada por outros pensamentos, traga-a suavemente de volta para sua respiração… Deixe a respiração seguir seu ritmo normal, seja ela superficial ou profunda, lenta ou rápida, não interfira em seu ritmo, basta prestar atenção nela…*[25]

Quando a mente se aquieta, a alma se expande, e a essência divina assume a gerência amorosa do nosso ser. Descobriremos, gradualmente, que somos a consciência por trás dos nossos pensamentos. Isso explica a percepção de sensações agradáveis durante a meditação, como relaxamento corporal, paz interior, amor próprio, alegria, compaixão, generosidade, sabedoria e tranquilidade.

---

25   Daniel Goleman. *A arte da meditação*. SEXTANTE.

Quando a meditação se torna um hábito diário, o estado meditativo se irradia para além dos minutos em que a praticamos, porque a centralidade do nosso ser se desloca do ego para o "eu superior". Novas sinapses cerebrais são criadas a partir desse despertar da essência divina, o que explica, também, as propriedades curativas da meditação no equilíbrio do sistema neuroendócrino, conforme a ciência vem comprovando, recomendando a sua prática.[26]

Para aqueles ainda não acostumados à meditação, sua duração, no início, deve girar em torno de cinco minutos diários, conforme as possibilidades de cada um. Esse tempo deve ser aumentado quando a própria alma sentir necessidade de mais contato íntimo.

O importante é começar a praticá-la. Embora possamos sobreviver sem a meditação, conforme escreveu o monge Laurence Freeman, "ela é o vento que sopra a vela da alma".[27]

Tenho certeza de que nossa vela carece desse vento!

---

26   A rigor, não há contraindicação para a meditação, mas Daniel Goleman alerta que ela não é apropriada a pacientes esquizofrênicos, obsessivos-compulsivos e aqueles que se encontram em estados emocionais agudos.

27   Laurence Freeman. *Jesus: o mestre interior*. MARTINS FONTES.

A MEDITAÇÃO É UMA
TERAPIA QUE NOS CONVIDA
A UM CAMINHO DE
CONTATO COM A ALMA,
UM OLHAR PARA DENTRO,
A FIM DE ENCONTRAR,
SENTIR E VIVER A NOSSA
ESSÊNCIA DIVINA, O
REINO DE DEUS EM NÓS, A
CRIANÇA INTERIOR COMO
SÍMBOLO DE TERNURA,
PUREZA E AMOROSIDADE.

QUANDO A MENTE SE
AQUIETA, A ALMA SE
EXPANDE, E A ESSÊNCIA
DIVINA ASSUME A
GERÊNCIA AMOROSA
DO NOSSO SER.
"A MEDITAÇÃO É O VENTO
QUE SOPRA A VELA
DA ALMA."
TENHO CERTEZA DE QUE
NOSSA VELA CARECE
DESSE VENTO!

IR PARA ONDE?

———— ★ ————

QUEM PÕE A MÃO NO ARADO E OLHA PARA TRÁS NÃO É APTO PARA O REINO DE DEUS.

NÃO VOS PREOCUPEIS, POIS, COM O DIA DE AMANHÃ: O DIA DE AMANHÃ TERÁ AS SUAS PREOCUPAÇÕES PRÓPRIAS. A CADA DIA BASTA O SEU CUIDADO.

JESUS

"LUCAS" 9:62. "BÍBLIA DE JERUSALÉM". PAULUS.

"MATEUS" 6:34. "NOVO TESTAMENTO". AVE MARIA.

Quem põe a mão no arado e olha para trás
não é apto para o Reino de Deus.

Não vos preocupeis, pois, com o dia de amanhã:
o dia de amanhã terá as suas preocupações
próprias. A cada dia basta o seu cuidado.

JESUS

ESSES DOIS PENSAMENTOS DO CRISTO NOS LEVAM À reflexão sobre como devemos lidar com o presente, o passado e o futuro. Muito frequentemente, não temos uma relação adequada com essas dimensões do tempo e, quando isso acontece, entramos em desequilíbrio.

Pelas palavras de Jesus, deduzimos que nossa maior atenção deve se dirigir para o momento presente, o agora, o dia que precisa de cuidado. O ontem já passou, não existe mais. Dele podemos apenas retirar as lembranças boas do que nos ocorreu e as lições aprendidas diante dos revezes. O futuro também não existe, é mera expectativa, nada podemos fazer no futuro. E, quando ele chegar, terá deixado de ser futuro.

Há muita gente "vivendo" do passado e no futuro. Talvez isso explique, ao menos em parte, a existência de tanta depressão (excesso de passado) e de tantos transtornos de ansiedade (excesso de futuro). Talvez explique também tanta dissociação do momento presente, tanta dificuldade de lidar com o Agora: o único tempo que, de fato, possuímos para viver!

Enquanto estivermos sob o comando do nosso "eu inferior" (leia ou releia o capítulo 8), seremos fortemente levados a nos concentrar no passado e/ou no futuro, pois, segundo Eckhart Tolle:

> [...] *quase todos os nossos pensamentos expressam uma preocupação com o passado ou com o futuro, enquanto nosso sentido de eu depende do passado para nossa identidade e do futuro para preenchê-la. Medo, ansiedade, expectativa, arrependimento, culpa, raiva são as disfunções do estado de consciência atado ao tempo.*[28]

---

28 Eckhart Tolle. *Um novo mundo: o despertar de uma nova consciência*. SEXTANTE.

Quanto mais ego, mais atenção ao passado e ao futuro e menos cuidado com a vida presente! Converso com muitas pessoas que me narram suas queixas a respeito de acontecimentos passados, mágoas antigas, ódios e revoltas, episódios que fazem questão de lembrar e que não querem esquecer por nada, apesar de estarem sofrendo por isso. O "eu inferior" precisa desse alimento para sobreviver, pois, enfatizando o quanto foi maltratado, injustiçado, machucado e ignorado, é que ele se reafirma e se mantém vivo. Para quem está no nível de consciência de ego, o perdão é uma proposta inconcebível, pois o esquecimento do mal tiraria do ego o seu oxigênio.

Da mesma maneira, o "eu inferior" também se alimenta do futuro, pois precisa cuidar da sua sobrevivência no amanhã; daí porque a ansiedade, o medo e a expectativa são seus "pratos" preferidos.

Disso podemos concluir que o ego adoecido tem muita dificuldade de lidar com o momento atual, pois é no "espaço vazio" do Agora que ele sente a ameaça de perder o seu domínio. E é somente nesse vazio que o "eu superior" pode assumir a realeza do seu trono, para bem cuidar da vida, com amor e sabedoria.

Precisamos, assim, tomar cuidado com as armadilhas do ego dominador, o qual, a toda hora, procurará nos conduzir ao passado ou ao futuro. Diante de uma ofensa, por exemplo, ele precisará se reafirmar e, então, nos conduzirá à mágoa, à revolta, ao ódio, estados emocionais que nos prenderão ao passado, onde a vida não pode ser cuidada. Por isso, Jesus recomendou: "Se alguém quer vir após mim, negue-se a si mesmo...",[29] isto é, negue o seu "eu inferior", e mostre a outra face,[30] a face do "eu superior".

Diante da probabilidade de algum acontecimento futuro, seja ele negativo, seja positivo, vigiemos a nossa mente, para que ela não acelere para o amanhã, criando expectativa, medo e ansiedade. A respeito do deslocamento da mente para o futuro, Jesus disse:

> [...] *não fiqueis preocupados, dizendo: "Que comeremos? Que beberemos? Com que nos vestiremos?" Tudo isso, os gentios[31] o procuram, mas vosso Pai celeste sabe que precisais de tudo isso. Buscai em primeiro lugar o Reino de Deus e sua justiça, e todas essas coisas vos serão dadas por acréscimo.[32]*

---

29 *Lucas* 9:23. *Bíblia sagrada.* Tradução oficial da CNBB. CNBB.
30 *Mateus* 5:39.
31 Nome dado pelos hebreus a todas as nações externas ao povo de Israel. (Orlando Boyer. *Pequena enciclopédia bíblica.* VIDA.)
32 *Mateus* 6:31–34. *Bíblia sagrada.* Tradução oficial da CNBB. CNBB.

Novamente, a chave dada por Jesus é buscar, em primeiro lugar, isto é, antes de qualquer atitude, no momento presente, o Reino de Deus dentro de nós, que nada mais é do que a conexão com o "eu superior". Quando o deus interno assumir o governo de nossa vida, nenhum temor nos dominará, nenhuma preocupação com o futuro perturbará a nossa serenidade, pois, não importa o que nos aconteça, a sabedoria divina nos guiará sempre para os melhores caminhos.

O fundamental, em qualquer hipótese, é permanecer no momento presente, no Agora, porque, no mais das vezes, nada de importante está acontecendo de concreto neste momento. Em grande parte das vezes, nossas aflições são apenas pensamentos que ecoam do passado ou que se projetam no futuro. Permanecer consciente no momento presente é se libertar dos pensamentos que nos machucam e nos assustam.

Como não estamos habituados a essa prática, vale a pena escutar os conselhos de Eckhart Tolle:

> *Se você achar difícil entrar diretamente no Agora, comece observando como a sua mente tende a fugir do Agora. Vai notar que geralmente imaginamos o futuro como algo melhor ou pior do que o presente. Imaginar um futuro melhor nos traz esperança e uma antecipação do prazer. Imaginá-lo pior nos traz ansiedade. Ambos os casos são ilusões.*

Ao observarmos a nós mesmos, um maior grau de presença surge automaticamente em nossas vidas. No momento em que percebemos que não estamos presentes, estamos presentes. Sempre que formos capazes de observar nossas mentes, deixaremos de estar aprisionados.[33]

Uma pergunta, provavelmente, você deve estar formulando: "E se eu tiver um problema no momento presente?" Quando isso acontecer, se você permanecer ancorado no "eu maior", na interioridade do Reino de Deus, a sabedoria emergirá da sua alma e lhe trará a orientação precisa de como agir, seja para superar a dificuldade, seja para aceitá-la positivamente, se não puder ser mudada, evitando as histórias dramáticas do ego. (Sugiro a leitura ou releitura do capítulo 6.)

É preciso treinar a mente para ficar no momento presente. Além de seguir a recomendação de observar como a nossa mente foge do Agora, bem como da prática da meditação, faça exercícios de auto-observação e de apreciação do seu entorno. Note como você está vestido, como sente a temperatura do seu corpo, como está a sua respiração, as batidas do seu coração... Observe também os objetos à sua volta, a luminosidade do ambiente, o movimento das pessoas ao seu redor, as paisagens na rua,

---

33   Eckhart Tolle. *Praticando o poder do agora.* SEXTANTE.

a decoração das casas, jardins, árvores, a movimentação dos carros…

Tudo isso ajudará a sua mente a se fixar no único local e no único momento em que a vida pode existir e se transformar: Aqui e Agora.

Não fuja, fique!

É PRECISO TREINAR A
MENTE PARA FICAR NO
MOMENTO PRESENTE.
FIXAR-SE NO ÚNICO LOCAL
E NO ÚNICO MOMENTO EM
QUE A VIDA PODE EXISTIR
E SE TRANSFORMAR:
AQUI E AGORA.
NÃO FUJA, FIQUE!

COM A VIDA
DE NOVO
★

**MEUS ERROS E DESACERTOS CONTÊM
UMA SABEDORIA ESPECIAL: ELES
ME CORRIGEM COM PACIÊNCIA E
ENSINAM-ME A COMEÇAR DE NOVO.**

MIGUEL O. RIQUELME

MIGUEL O. RIQUELME. "DECIDI SER FELIZ:
PEQUENA PEDAGOGIA PARA VIVER". PAULUS.

Meus erros e desacertos contêm uma sabedoria
especial: eles me corrigem com paciência
e ensinam-me a começar de novo.

MIGUEL O. RIQUELME

O ERRO É INSEPARÁVEL DA EXPERIÊNCIA HUMANA. Nem sempre, porém, conseguimos enxergá-lo com sabedoria. Ora nos afundamos em culpas que geram sofrimento e improvável mudança de comportamento, ora passamos a mão em nossa cabeça, como se nada tivesse acontecido, sem nenhuma reflexão sobre a conduta equivocada. Tais posturas extremas não nos ajudam a fazer dos desacertos uma oportunidade de enriquecimento da nossa existência.

O sentimento de culpa somente nos é útil como mecanismo de alerta da nossa consciência a respeito do equívoco praticado. Precisamos desse alarme consciencial para percebermos e refletirmos sobre a conduta tomada.

Passando disso, a culpa se torna um carrasco, que nos maltrata com humilhações e vergonha, definindo negativamente toda a nossa história por uma única queda.

Carecemos de olhar nossos erros com amor; afinal, o apóstolo Pedro disse que é o amor que cobre uma multidão de pecados.[34] Não encaminharemos nossas imperfeições sem uma boa dose de humildade, compreensão de nós mesmos, paciência e amor para conosco. Esses são os recursos interiores necessários para lidarmos com nossas fragilidades de uma forma humana e divina, sem a qual nenhuma transformação verdadeira poderá ocorrer em nosso mundo íntimo.

Aprecio o ensinamento do monge zen-budista Haemin Sunim:

Está tudo bem em ter defeitos. Como nossas vidas poderiam ser impecáveis feito uma folha de papel em branco? A vida naturalmente cobra um preço do nosso corpo, da nossa mente e dos nossos relacionamentos. Em vez de escolher levar uma vida em que não faz nada por medo de errar, escolha uma em que se aperfeiçoe com o fracasso e a dor. E grite bem alto para si mesmo e a sua luta: "Eu te amo demais!".[35]

---

34 *1 Pedro* 4:8.
35 Haemin Sunim. *Amor pelas coisas imperfeitas.* SEXTANTE.

Quando a culpa exagera, isto é, quando ela deixa de ser um alerta dos nossos equívocos e passa a ser uma punidora cruel, seu principal efeito, por mais paradoxal que seja, é o de nos acorrentar ao erro cometido, como se estivéssemos condenados a uma pena eterna, sem possibilidade de libertação. Jesus sempre usou de amorosidade para com os caídos. Sem aplaudir o erro, não julgava os equivocados; antes, acolhia-os fraternalmente e apresentava-lhes os roteiros de libertação, por meio do perdão e do amor.

A experiência tem demonstrado: quem muito se culpa, geralmente, continua repetindo o mesmo erro, porque, no fundo, não deseja romper com o desacerto. A culpa funciona como uma espécie de compensação emocional mórbida para justificar a permanência do indivíduo no engano. Como ele não tem a vontade firme de modificar a sua conduta, porque acredita que algum ganho esteja obtendo com ela, prefere se culpar a se corrigir. Para o escritor e psicanalista Contardo Calligaris:

Em regra, a culpa não produz ação, mas descarrego. Funciona da seguinte maneira: somos autorizados a fazer pouco ou nada para que a situação mude porque o sofrimento da nossa consciência nos absolve.[36]

---

36 Disponível em: <https://www.pensador.com/frase/Mzc5M Tkw/>. Acesso em: 16 jul. 2019.

Nessa hipótese, é preciso um olhar sincero para si mesmo e reconhecer que, ao longo do tempo, a permanência no erro cobrará um preço bem mais elevado e sofrido do que o esforço da transformação interior. Lembremos, ainda, como vimos no capítulo anterior, que a culpa é uma das formas de nos prender ao passado, é um olhar fixo no que já ocorreu e que não pode mais ser mudado; por isso é uma postura que anestesia a nossa vida, paralisa-a. Como narrado no *Antigo Testamento*, foi o que sucedeu à mulher de Ló, a qual, ao empreender fuga de Sodoma, transformou-se numa estátua de sal, pois desatendeu a recomendação dos anjos no sentido de não olhar para trás.[37]

A culpa, quando não bem elaborada, pode nos transformar numa estátua de sal. E, com essa postura, perdemos o principal efeito pedagógico da consciência do erro: mostrar as nossas imperfeições para que elas sejam superadas. Vista pelo ângulo positivo, a culpa deve nos levar ao movimento da transformação, e não a um estado de estagnação.

O processo evolutivo se inicia exatamente na experiência do erro, desde que ele seja visto de uma forma espiritualmente correta. Portanto, é impossível extirpá-lo da nossa vida, porque erro e acerto são dois lados da mesma moeda. Aliás, eu diria que, quanto mais erro,

---

37 *Gênesis* 19:1–26.

mais experiência capaz de nos fazer crescer. Quem pouco erra, provavelmente, está tentando pouco, ou pode estar aprisionado pelo medo do fracasso, privando-se de experiências imprescindíveis ao seu desenvolvimento como ser humano.

Esboço aqui um roteiro que pode nos ajudar a lidarmos com nossos equívocos:

1. Aceite a sua condição humana ainda sujeita a erros. Cuidado com o orgulho que nos faz acreditar que sempre agimos acertadamente.

2. Procure se conhecer. Olhe mais para si mesmo com humildade, para reconhecer que você ainda se equivoca, faz bobagens, perde o juízo, ainda é egoísta e, por vezes, machuca os outros. Tome conhecimento disso, sem julgamento. Apenas reconheça suas áreas ainda frágeis. Quanto mais fizer isso, mais consciente estará dos seus erros e mais próximo estará de corrigi-los. (Fique atento aos dois próximos capítulos.)

3. Se você prejudicou alguém, procure se aproximar dessa pessoa para se desculpar e reparar os prejuízos causados. Gosto muito de um conjunto de pensamentos do *Ho'oponopono*, uma técnica havaiana para a cura e o perdão: "Sinto muito. Me perdoe. Obrigado. Eu te amo."[38] Interiorizar esses pensamentos e expô-los sinceramente a quem causamos algum mal pode nos libertar das grades da culpa.

Nosso trabalho, agora, é deixar de ser estátuas de sal e trazer a vida de volta para nós.

---

38   Dr. Luc Bodin, Maria Elisa Hurtado-Graciet. *Ho'oponopono: o segredo da cura havaiana.* NOBILIS.

A CULPA, QUANDO NÃO
BEM ELABORADA, PODE
NOS TRANSFORMAR
NUMA ESTÁTUA DE SAL.
O PROCESSO EVOLUTIVO
SE INICIA EXATAMENTE
NA EXPERIÊNCIA DO
ERRO, DESDE QUE ELE
SEJA VISTO DE UMA

FORMA ESPIRITUALMENTE CORRETA. PORTANTO, É IMPOSSÍVEL EXTIRPÁ-LO DA NOSSA VIDA, PORQUE ERRO E ACERTO SÃO DOIS LADOS DA MESMA MOEDA. NOSSO TRABALHO É DEIXAR DE SER ESTÁTUAS DE SAL E TRAZER A VIDA DE VOLTA PARA NÓS.

O TRABALHO ESPIRITUAL MAIS IMPORTANTE

★

O AUTOCONHECIMENTO REVELA
AO SER AS SUAS POSSIBILIDADES E
LIMITAÇÕES, ABRINDO-LHE ESPAÇOS
PARA A RENOVAÇÃO E CONQUISTAS
DE NOVOS HORIZONTES DE SAÚDE E
PLENIFICAÇÃO, SEM CONSCIÊNCIA
DE CULPA, SEM ESTIGMAS.

JOANNA DE ÂNGELIS

DIVALDO PEREIRA FRANCO, JOANNA DE ÂNGELIS
[ESPÍRITO]. "VIDA: DESAFIOS E SOLUÇÕES". LEAL.

O autoconhecimento revela ao ser as suas possibilidades e limitações, abrindo-lhe espaços para a renovação e conquistas de novos horizontes de saúde e plenificação, sem consciência de culpa, sem estigmas.

JOANNA DE ÂNGELIS

MUITO COMUM QUE ESTEJAMOS ENVOLVIDOS POR problemas variados, sem que vejamos uma solução. Em regra, nesses momentos, queremos encontrar alguém que nos diga o que fazer para sairmos da crise. Ainda que possamos receber alguma ajuda nesse sentido, ignoramos que as respostas mais acertadas estão dentro de nós mesmos.

Allan Kardec indagou aos Espíritos de Luz qual seria o meio prático mais eficaz para se melhorar nesta vida e resistir ao arrastamento do mal. A resposta foi enfática: "Conhece-te a ti mesmo."[39] Tal proposta nos faz

---

39   Allan Kardec. *O livro dos Espíritos*. [questão 919]

pensar seriamente em algumas coisas que, geralmente, não percebemos:

1. Somos a pessoa mais indicada a encontrar a saída para os nossos problemas. Ainda que alguém possa facilitar esse processo, como um amigo, familiar, terapeuta ou religioso, somente nós poderemos descobrir a trajetória que fizemos para chegar até o momento difícil em que nos encontramos. "Só eu sei os desertos que atravessei", cantou Djavan.[40]

2. É quase certo que esse olhar para dentro nos levará a descobrir que a causa de nossas dores está em nós mesmos. Vivemos procurando responsáveis externos, esquecendo-nos de que, em grande parte das vezes, somos os autores dos nossos próprios infortúnios, como esclareceu Allan Kardec.[41] Praticando o autoconhecimento, perceberemos mais facilmente o nosso "eu inferior" – por definição egocêntrico, narcísico –, que nos torna, por exemplo, orgulhosos, prepotentes, arrogantes, carentes, unilaterais, ciumentos, possessivos, agressivos, invejosos, intolerantes, melindrosos, perfeccionistas, complexados... Notaremos que tais sentimentos estão na

---

40   Djavan. *Esquinas*. [canção]
41   *O Evangelho segundo o Espiritismo*. [cap. v, item 4]

base dos nossos vícios e sofrimentos em geral, sendo o egoísmo a matriz geradora de todos eles.

Sei que é muito desconfortável chegar a essa conclusão, mas o autodescobrimento é terapêutico, na medida em que, segundo Jesus, o conhecimento da verdade nos libertará,[42] isto é, aquilo que estava oculto no inconsciente virá para a consciência. O que estava no fundo do oceano emergirá para a superfície. O que era invisível se tornará visível, e somente o que reconhecermos poderá ser curado.

A partir de então, não havendo mais desconhecimento ou negação da nossa sombra,[43] estaremos mais conscientes de que o "eu inferior" dirige a maior parte de nossas atitudes perante a vida. Essa percepção, ampliada pelo autoconhecimento, fará com que nós, pouco a pouco e naturalmente, comecemos a tomar distância daquilo que nos liga ao "eu inferior". Tal como o doente que, ciente da causa de sua enfermidade, procura dela se afastar.

A descoberta do nosso mundo interior faz com que a consciência, nas ocorrências do dia a dia, perceba que estamos pisando no terreno escorregadio das nossas

---

42 *João* 8:32.
43 Sombra: são os aspectos de nossa personalidade que não reconhecemos e que consideramos inaceitáveis, porque se opõem à imagem ideal que temos de nós mesmos. (Viviane Thibaudier. *Jung: médico da alma*. PAULUS.)

inferioridades. No início da prática do autoconhecimento, essa percepção provavelmente só aparecerá depois de agirmos dominados pelo "eu inferior". Mas ela não deixará de nos cientificar a respeito do acontecido, e isso aprofundará e sedimentará o conhecimento de nós mesmos.

Aos poucos, porém, a percepção da sombra passará a surgir no momento anterior àquele em que ela se manifestaria, possibilitando-nos a sua detecção quando estiver prestes a eclodir. Isso nos possibilitará agir de forma diversa daquela de outrora, quando a sombra nos conduzia sem que tivéssemos consciência de nossos próprios impulsos.

3. A proposta do autoconhecimento não é gerar culpa ou vergonha diante do reconhecimento da sombra que ainda carregamos. O propósito é trazer luz para a nossa escuridão! O simples fato de reconhecermos que somos egoístas fará com que o egoísmo comece a se enfraquecer pouco a pouco. Quando expomos o nosso ego hipertrofiado à luz do entendimento de que não somos deuses onipotentes, mas apenas seres humanos, menores do que imaginávamos ser, ainda pequenos, falhos, imperfeitos e frágeis, o sentimento de autoimportância diminui; o ego, paulatinamente, decresce, e um raio de humildade abre fendas para o "eu superior" assumir a direção da nossa vida.

Nesse momento, aceitaremos o convite de Jesus:

Tomai sobre vós o meu jugo[44] e aprendei de mim, porque sou manso e humilde de coração, e encontrareis descanso para vossas almas, pois meu jugo é suave e meu fardo é leve.[45]

4. Certamente, ainda levará alguns milênios para que o egoísmo, com todos os seus derivativos, esteja definitivamente superado em nós. Até lá, o trabalho a fazer será o de reconhecê-lo presente em nossa estrutura psíquica, ficando atentos para que ele vá perdendo o domínio sobre nós. O mais importante trabalho espiritual a fazer é conduzir a centralidade da nossa vida para o "eu maior", e o que nos compete fazer, no momento, é nos esforçarmos para domar nossas inclinações enraizadas no "eu inferior". O autoconhecimento é o estopim desse processo de ampliação da nossa consciência, sem a qual nenhuma transformação positiva surgirá em nossa vida.

Não podemos ter a pretensão de realizar essa transformação em uma única existência. Por isso, temos que aprender a conviver pacificamente com nossas imperfeições, aceitando-as, sem, contudo, nos acomodarmos a elas.

---

44 Jugo: significa, figuradamente, *diretriz.*
45 *Mateus* 11:28–30. *Bíblia de Jerusalém.* PAULUS.

Não tenhamos dúvida de que esse trabalho nos acompanhará por muitos milênios, mas é fundamental que ele comece desde já, porque se trata de tarefa vital para a nossa felicidade. Diz Yogananda: "A maioria das pessoas não muda porque não vê seus próprios erros."[46] Se não arrumarmos nossa casa interior, se não trouxermos luz para nossa escuridão, a vida não progredirá, a doença persistirá, os conflitos não cederão, a infelicidade fará eterna morada em nós.

No próximo capítulo, vou tratar um pouco mais desse tema, dada a sua relevância, apresentando algumas sugestões de como podemos colocar em prática a ferramenta do autoconhecimento. Espero que você esteja animado para começar o trabalho espiritual mais importante de sua vida!

46 Paramahansa Yogananda. *Onde existe luz.* SELF-REALIZATION FELLOWSHIP.

SOMOS A PESSOA MAIS INDICADA A ENCONTRAR A SAÍDA PARA OS NOSSOS PROBLEMAS. É QUASE CERTO QUE ESSE OLHAR PARA DENTRO NOS LEVARÁ A DESCOBRIR QUE A CAUSA DE NOSSAS DORES ESTÁ EM NÓS MESMOS.

SE NÃO ARRUMARMOS
NOSSA CASA INTERIOR, SE
NÃO TROUXERMOS LUZ
PARA NOSSA ESCURIDÃO,
A VIDA NÃO PROGREDIRÁ,
A DOENÇA PERSISTIRÁ, OS
CONFLITOS NÃO CEDERÃO,
A INFELICIDADE FARÁ
ETERNA MORADA EM NÓS.

UM ROTEIRO PARA O AUTOCONHECIMENTO

★

ANTECEDENDO A ORAÇÃO, QUE FAÇO TODAS AS NOITES, TENHO POR HÁBITO ESCUTAR A VOZ DA CONSCIÊNCIA... LONGE DA INFLUÊNCIA DAS PESSOAS, PROCURO OUVIR A MIM MESMO, ANALISANDO, COM SINCERIDADE, TUDO QUE FIZ DURANTE O DIA. ÀS VEZES, FICO TRISTE COM O RESULTADO DA INTROSPECÇÃO SALUTAR A QUE ME ENTREGO, MAS NÃO DEIXO QUE A DEPRESSÃO ME DOMINE.

CHICO XAVIER

CARLOS A. BACCELLI.
"ORAÇÕES DE CHICO XAVIER". LEEPP.

Antecedendo a oração, que faço todas as noites, tenho por hábito escutar a voz da consciência… Longe da influência das pessoas, procuro ouvir a mim mesmo, analisando, com sinceridade, tudo que fiz durante o dia. Às vezes, fico triste com o resultado da introspecção salutar a que me entrego, mas não deixo que a depressão me domine.

CHICO XAVIER

CHICO XAVIER DEU SEU TESTEMUNHO DE COMO PRATicava o "conheça-te a ti mesmo". Basicamente, ele seguia as mesmas orientações traçadas pelo Espírito Santo Agostinho, em *O livro dos Espíritos*.[47] Com base nessas orientações e no testemunho de Chico Xavier, elaborei um roteiro que pode guiá-lo na prática do autoconhecimento. Necessário, porém, que você tenha lido o capítulo anterior, pois ele o ajudará a compreender a importância da prática que, a partir de agora, será apresentada.

---

47   Allan Kardec. *O livro dos Espíritos*. [questão 919-a]

I. AUTOCONHECIMENTO É UMA PRÁTICA DIÁRIA

Assim, estaremos mais próximos das ocorrências do nosso cotidiano, do qual vamos extrair o material para as nossas reflexões. O ideal é que façamos esse ritual ao fim de cada dia, em local que nos possibilite algum tipo de introspecção. É um momento de encontro conosco, sem máscaras e sem julgamentos. Estaremos nos vendo nus no espelho da consciência; por isso, o autodescobrimento pede constância, intimidade, respeito e cumplicidade para conosco.

2. COMECE COM UMA PRECE

É a maneira pela qual nos ligamos a Deus, pedindo que Ele nos ajude nesse trabalho de mergulho interior, dando-nos discernimento e sabedoria para enxergarmos a nós mesmos, como somos, sem receios, julgamentos, disfarces, álibis ou justificativas descabidas que nos possam desviar da verdade que precisamos conhecer. Por meio da oração, seremos amparados e intuídos por nosso anjo de guarda, o qual nos trará a inspiração necessária para enxergarmos o que for preciso, sem distorções.

3. ESCUTE A VOZ DA CONSCIÊNCIA

Para perceber a nossa realidade íntima, o método que se propõe é o de, num primeiro momento, passar em revista todas as ações do nosso dia e nos perguntarmos sobre o que fizemos de bom ou de mal. Analisar não apenas o que fizemos, mas também o motivo pelo qual agimos dessa ou daquela maneira. Às vezes, um ato aparentemente nobre pode esconder interesses escusos ou vaidosos.

O Espírito Santo Agostinho propõe que nos façamos três questionamentos:

Examinai o que pudésseis ter feito contra Deus, depois contra o próximo e por fim contra vós mesmos.[48]

Tais reflexões nos levam à análise de uma amplitude considerável de comportamentos, desde aqueles por meio dos quais prejudicamos a obra de Deus, como as agressões à natureza, aos animais, passando por aqueles com que lesamos o próximo, seja por meio de atos, seja por pensamentos, seja por palavras, chegando até às atitudes que feriram a nós mesmos.

Há muito trabalho interior a fazer e, no mais das vezes, estamos muito distraídos de nós mesmos. O cuidado

---

48   Allan Kardec. *O livro dos Espíritos*. Tradução de J. Herculano Pires. FEESP. [questão 919-a]

com nosso mundo íntimo ainda é precário, e, quando surgem os problemas, ficamos procurando responsáveis externos, ignorando que o mundo de fora é reflexo do nosso mundo interior. Quantas vezes procuramos consertar o que está fora de nós, sem arrumar o que vai mal por dentro!

Carl Gustav Jung, psiquiatra suíço, afirmou:

Até você se tornar consciente, o inconsciente irá dirigir sua vida e você vai chamá-lo de destino.[49]

A sombra pulsa, vibra, dita nosso comportamento, atrai tudo aquilo que chamamos de destino. O sofrimento de hoje é reflexo das questões internas a que ainda não nos demos o trabalho de conhecer, acolher e transformar. Enquanto não fizermos isso, nosso destino não mudará!

Segundo Debbie Ford:

A sombra é um oráculo que pode prever todos os nossos comportamentos e revelar o que nos torna as pessoas que somos hoje. O que decide se seremos produtivos, membros influentes da sociedade ou almas perdidas? Quando expomos nosso lado sombrio, entendemos

---

49 Disponível em: <https://www.jungnapratica.com.br/jung-ano-novo/>. Acesso em: 16 jul. 2019.

como nosso histórico pessoal dita a forma como trata-
mos os que estão ao nosso redor – e como tratamos a
nós mesmos.[50]

Acredito que já percebemos que estamos diante do mais eficiente método de transformação pessoal.

4. NÃO SE DEPRIMA

Tal qual ocorreu a Chico Xavier, é muito provável que venhamos a nos entristecer ao tomarmos contato com a nossa sombra. Impossível não sentir um desconforto emocional, consequência da constatação de que somos menores do que acreditávamos ser. A vergonha pode perfeitamente surgir ao percebermos que, não raro, são os nossos aspectos sombrios que nos fazem agir com medo, raiva, agressividade, ganância, soberba, compulsões das mais variadas e tantas outras formas destrutivas.

Nesses momentos, estejamos firmes, suportando a dor, sem cairmos em culpa ou depressão. Saibamos que o efeito amargo do conhecimento da nossa sombra tem fins terapêuticos para o ego hipertrofiado: ele naturalmente começará a desinchar. Segundo Marlon Reikdal, psicólogo:

---

50 Deepak Chopra, Debbie Ford, Marianne Williamson. *O efeito sombra.* LUA DE PAPEL.

Quanto mais nos conhecermos, mais seremos tomados pelo sentimento de pequenez, de limitação, de simplicidade que mais nos aproxima uns dos outros, e mais nos aproximará de Deus.[51]

Não podemos deixar também de registrar os aspectos positivos de nossa personalidade observados na introspecção. Nós não somos apenas a escuridão da nossa sombra; alguns filetes de luz já brilham em nosso coração!

Em linhas gerais, o roteiro é esse. E ele, por si só, já é terapêutico, porque, quando a sombra for trazida à luz da consciência, estaremos naturalmente mais atentos quando ela se insinuar em nossas atitudes, permitindo-nos, com o passar do tempo e com a prática da auto-observação, evitar que ela domine a cena de nossa vida.

Mas há algo mais que podemos fazer com a sombra: trata-se de uma estratégia psicológica humana, saudável e transformadora! É o assunto de que tratarei no próximo capítulo. Espero que você me acompanhe!

51 Claudio Sinoti, Gelson L. Roberto, Iris Sinoti, Marlon Reikdal. *Espelhos da alma: uma jornada terapêutica.* LEAL.

ELABOREI UM ROTEIRO QUE
PODE GUIÁ-LO NA PRÁTICA
DO AUTOCONHECIMENTO:
1. AUTOCONHECIMENTO
É UMA PRÁTICA DIÁRIA.
2. COMECE COM UMA
PRECE. 3. ESCUTE A VOZ
DA CONSCIÊNCIA.
4. NÃO SE DEPRIMA.
O ROTEIRO, POR SI SÓ, JÁ
É TERAPÊUTICO, PORQUE,
QUANDO A SOMBRA

FOR TRAZIDA À LUZ DA CONSCIÊNCIA, ESTAREMOS NATURALMENTE MAIS ATENTOS QUANDO ELA SE INSINUAR EM NOSSAS ATITUDES, PERMITINDO-NOS, COM O PASSAR DO TEMPO E COM A PRÁTICA DA AUTO-OBSERVAÇÃO, EVITAR QUE ELA DOMINE A CENA DE NOSSA VIDA.

O QUE FAZER COM A SOMBRA?

★

A SOMBRA QUE EXISTE NO SER
HUMANO NÃO DEVE SER COMBATIDA,
SENÃO DILUÍDA PELA INTEGRAÇÃO
NA SUA REALIDADE PESSOAL.

JOANNA DE ÂNGELIS

DIVALDO PEREIRA FRANCO, JOANNA DE ÂNGELIS
[ESPÍRITO]. "EM BUSCA DA VERDADE". LEAL.

A sombra que existe no ser humano não deve ser combatida, senão diluída pela integração na sua realidade pessoal.

JOANNA DE ÂNGELIS

IMPRESCINDÍVEL TERMOS LIDO O CAPÍTULO ANTERIOR para compreendermos as propostas que serão agora apresentadas sobre como lidar com a nossa sombra. Retomando o conceito apresentado no capítulo 12, por "sombra" devemos entender os aspectos de nossa personalidade que não reconhecemos e que consideramos inaceitáveis, porque se opõem à imagem ideal que temos de nós mesmos.[52]

Marlon Reikdal, com precisão, explica:

---

52   Viviane Thibaudier. *Jung: médico da alma*. PAULUS.

Ela é a parte desadaptada, primitiva, subdesenvolvi-
da do ser; aquela força impositiva, que nos toma, que
surge sem ser chamada e faz com que depois não nos
reconheçamos ou nos sintamos mal por termos agido
daquela forma.[53]

O autoconhecimento promoverá, inevitavelmente, o encontro com a nossa sombra, a qual pode ser desconhecida para nós mesmos ou, se conhecida, provavelmente reprimida, na maior parte dos casos. Nenhuma dessas situações – ignorância da sombra ou repressão da sombra – é benéfica para a nossa saúde psíquica.

Como já expusemos no capítulo anterior, o primeiro benefício do "conheça-te a ti mesmo" é tomarmos contato com essa parte antagônica da personalidade, que se oculta nos porões do nosso ser, como se fosse um vulcão interior, um vulcão que, embora oculto, está bem ativo. Quando abrirmos as portas dos nossos quartos secretos, a luz da consciência preencherá o que antes era escuridão, e o efeito imediato disso é fazer com que a nossa sombra se torne menos densa, até deixar de ser sombra. Esse é o conhecimento da verdade que nos liberta, conforme propõe Jesus.[54] Quem se conhece tem

---

53   Claudio Sinoti, Gelson L. Roberto, Iris Sinoti, Marlon Reikdal. *Espelhos da alma: uma jornada terapêutica.* LEAL.
54   *João 8:32.*

mais domínio sobre si mesmo. Quem se ignora vive à mercê de forças ocultas, muitas vezes incontroláveis.

Um conhecido me confidenciou que vivia tendo problemas de relacionamento com familiares e amigos. Estava bem amargurado e reclamava que as pessoas eram muito insensíveis. Estimulei-o à prática do auto-conhecimento para que ele enxergasse melhor a situação, sobretudo para que identificasse os momentos em que os atritos surgiam. Algum tempo depois, ele me disse que seu desconforto aparecia quando sentia uma indiferença de familiares e amigos em relação a seus feitos, suas conquistas, seus méritos: "percebi que a frieza deles me descontrola", desabafou.

Pedi a ele, então, que continuasse a se observar, tentando enxergar o motivo pelo qual ficava descontrolado. Quando nos reencontramos, ele me narrou que, ao se observar mais detidamente, concluiu: "meu descontrole tem origem na frustração de uma grande expectativa de consideração dos outros por mim". E me disse ainda que, a partir dessa dolorosa constatação, ele passou a detectar essa frustração no seu nascedouro, já conseguindo evitar alguns atritos e explosões de cólera.

No entanto, ele me fez uma pergunta crucial, que é o eixo central deste capítulo: "O que eu faço com essa minha frustração, como devo lidar com essa sombra?". Essa é a indagação que, inevitavelmente, acaba surgindo quando passamos a nos conhecer mais profundamente.

O primeiro impulso, talvez, seja pensar em derrotar nossa sombra, reprimindo-a e eliminando nosso lado negativo. Isso seria o mesmo que, ao termos uma dor de estômago, querermos extirpar o órgão em vez de tratá--lo, conhecer as causas do seu adoecimento. Não creio que a repressão da sombra seja possível, porque ela, de certa forma, faz parte de nós; por isso, antes de tudo, ela precisa ser acolhida, entendida e integrada. Ninguém conseguirá chegar ao céu sem tocar os seus infernos!

Com essa perspectiva, ao nos reconhecermos com imperfeições desagradáveis, o primeiro passo é nos aceitarmos como somos. A falta de aceitação impede que eu trate minha sombra e que possa me amar hoje como estou, mesmo sabendo que, por dentro, não sou tão bonitinho, cheiroso, agradável, iluminado como aparento ser por fora. Só o amor é capaz de juntar os pedaços de nós mesmos, sobretudo os pedaços mais opostos e os mais quebrados. Disse bem Ivan Lins:

> *O amor junta os pedaços*
> *Quando um coração se quebra*
> *Mesmo que seja de aço*
> *Mesmo que seja de pedra*
> *Fica tão cicatrizado*
> *Que ninguém diz que é colado*[55]

---

55   Ivan Lins, Vitor Martins. *Iluminados*. [canção]

Portanto, a transformação pessoal não é uma guerra declarada ao mal que ainda domina nossa condição evolutiva. Ela começa com a aceitação dessa parcela obscura do nosso ser, mas sem nos escravizar com o pensamento de que "sou assim mesmo e não mudo". À medida que me conheço, naturalmente vou ficando atento aos momentos em que minha sombra quer emergir. A partir de então, vou tentando controlá-la, para que ela não me cause mais problemas. Não se trata de reprimi-la, pois estou bem consciente dela; só vou fazendo esforço para que ela não estrague minha felicidade nem machuque os outros.

Mas não paro por aí. Concomitantemente (e aqui retomo a questão da direção que devemos dar à sombra), devo buscar integrá-la à minha realidade, fusioná-la com a personalidade exterior. Aceitar a sombra não é permitir que ela me domine, mas compreender que ela tem um pedido a me fazer, e que, se eu souber atendê-la de forma construtiva, haverei de viver melhor.

No caso do meu conhecido, perguntei-lhe o que estava por trás da expectativa de ser considerado positivamente pelos outros, ao que ele, após algum silêncio, respondeu, entre lágrimas: "Eu quero me sentir amado, só isso". Esse era o pedido que a sombra estava fazendo: "Você precisa se sentir amado".

Seria possível atender à sombra? Reprimi-la só aumentaria o seu tamanho e a sua intensidade. Seria o caso de destruí-la, por se tratar de uma vaidade inadmissível? Também não. Ser amado, em justa medida, é uma necessidade psicológica do ser humano. Por essa razão, Jesus pediu para que amássemos uns aos outros, o que nos permite supor que ainda precisamos não apenas amar o próximo, mas também sentir o amor que vem do outro em nossa direção.

Dessa forma, respondi ao meu conhecido que ele deveria ouvir o pedido da sombra: suprir, sim, o desejo de ser amado, mas sem a onipotência narcísica, e a integração seria fazer por si mesmo o que espera dos outros. É o amor a si mesmo, também proposto por Jesus; é diminuir as expectativas em relação ao amor que vem do outro e trabalhar pela consideração amorosa de si mesmo. Quando essa integração ocorrer, é certeiro que, suprida a carência, nosso ser receberá naturalmente a consideração do outro, porque, primeiro, terá encontrado a consideração de si próprio.

Outro exemplo de integração da sombra foi dado pelo psicólogo Marlon Reikdal, segundo o qual uma pessoa invejosa deve usar a energia da inveja de forma saudável, aprender a canalizá-la como impulso para alcançar o que deseja e admira como conquistas dos outros, avaliando que também é capaz de obtê-las.[56] Outro

---

56 Claudio Sinoti, Gelson L. Roberto, Iris Sinoti, Marlon Reikdal. *Espelhos da alma: uma jornada terapêutica*. LEAL.

exemplo vem de Mahatma Gandhi, na expressão de uma arte de lidar com a raiva:

Use a raiva para o bem. A raiva, para as pessoas, é como o combustível para o automóvel. Ela nos dá energia para seguir adiante e chegar a um lugar melhor. Sem ela, não teríamos motivação para enfrentar os desafios. A raiva é uma energia que nos impele a definir o que é justo e o que não é. Temos que nos envergonhar é de exagerarmos a dose.[57]

Em todos esses exemplos, a sombra não foi reprimida; apenas diluída, de uma forma saudável, criativa e construtiva, e tal exercício de integração dos nossos opostos representa um avanço em termos de crescimento interior e paz de espírito. Nesse aspecto, nossa sombra pode esconder um tesouro incomparável de forças que estão apenas mal direcionadas.

O autoconhecimento é um trabalho corajoso e profundo, mas de um valor inestimável, pois tem o poder de colocar nossas sombras a serviço da luz, sem lutas, guerras e rejeições, a fim de que nos tornemos inteiros, isto é, mais fortes, lúcidos e verdadeiros!

---

57   Arun Gandhi. *A virtude da raiva.* SEXTANTE.

O AUTOCONHECIMENTO É UM TRABALHO CORAJOSO E PROFUNDO, MAS DE UM VALOR INESTIMÁVEL, POIS TEM O PODER DE COLOCAR NOSSAS SOMBRAS A SERVIÇO DA LUZ, SEM LUTAS, GUERRAS E REJEIÇÕES, A FIM DE QUE NOS TORNEMOS INTEIROS, ISTO É, MAIS FORTES, LÚCIDOS E VERDADEIROS!

QUEM SÃO OS FELIZES?

★

FELIZES OS POBRES NO ESPÍRITO, PORQUE DELES É O REINO DOS CÉUS.

JESUS

"MATEUS" 5:3. "BÍBLIA DE JERUSALÉM". PAULUS.

Felizes os pobres no espírito, porque
deles é o Reino dos Céus.

JESUS

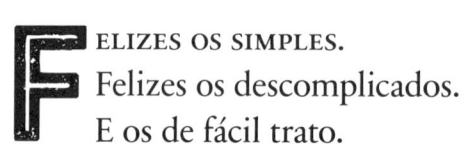ELIZES OS SIMPLES.
Felizes os descomplicados.
E os de fácil trato.

Felizes os que procuram ser leves.

E os que não se sobrecarregam de preocupações.

Felizes os que se entregam com alegria ao dia presente, apesar das tristezas do ontem e das incertezas do amanhã.

Bem-aventurados os que não neurotizam suas relações afetivas, pois se libertaram de seus complexos.

E os que exorcizaram os seus fantasmas.

Felizes os que não têm mania de grandeza.

Benditos os que sabem levar desaforo para casa e não perdem o sono por isso.

Felizes os que digerem suas frustrações.

E os que sabem rir de si mesmos.

Felizes os que sabem perder.

E os que, quando ganham, não humilham o perdedor.

Saudáveis os que perdoam.

E felizes os que sabem se perdoar.

Bem-aventurados os fracos de memória quando são ofendidos.

Felizes os que são agradecidos.

E os que são felizes com a felicidade dos outros.

Felizes os que deixam o ego de lado e sentem a dor do próximo.

Bem-aventurados os que sabem dividir suas alegrias.

E os que multiplicam seus talentos.

Felizes os que se tornam pontes entre as pessoas.

Bem-aventurados os de mente aberta e flexível.

E os que mudam de opinião quando preciso.

Felizes os que aceitam a diversidade e sabem que a verdade não tem um só caminho.

E os que não têm medo do novo e do diferente.

Bem-aventurados os que sabem fazer e cultivar amigos.

E os que fazem de tudo para não serem inimigos de ninguém.

Benditos os que se deixam em paz, que abrem mão de ter razão para serem felizes.

Enfim, a primeira de todas as virtudes é a humildade, aquela que abre as portas do céu dentro da gente mesmo!

FELIZES OS SIMPLES. A PRIMEIRA DE TODAS AS VIRTUDES É A HUMILDADE, AQUELA QUE ABRE AS PORTAS DO CÉU DENTRO DA GENTE MESMO!

PEGUE A MÃO
DE SUA CRIANÇA

★

AMAR A SI MESMO NÃO É NARCISISMO
OU VAIDADE EXCESSIVA. É SIMPLESMENTE
ACEITAR AS PRÓPRIAS IMPERFEIÇÕES
E LIMITES, SABENDO QUE NINGUÉM É
PERFEITO. TER AMOR-PRÓPRIO É SABER
QUE UM ERRO NÃO É UMA NÓDOA QUE
ESTRAGA A IMAGEM E A AUTOESTIMA
PARA SEMPRE. ISSO É SE AMAR. AS
PESSOAS QUE TÊM COMO PRINCIPAL
OBJETIVO NA VIDA CONSEGUIR AMOR
ME PREOCUPAM, PORQUE ACHO QUE
PODEM ACABAR MAIS COMO COBRADORAS
DO QUE COMO DISTRIBUIDORAS.

RABINO HAROLD KUSHNER

RICHARD CARLSON [ORG.], BENJAMIN SHIELD [ORG.].
"OS CAMINHOS DO CORAÇÃO". SEXTANTE.

Amar a si mesmo não é narcisismo ou vaidade excessiva.
É simplesmente aceitar as próprias imperfeições e limites,
sabendo que ninguém é perfeito. Ter amor-próprio é saber
que um erro não é uma nódoa que estraga a imagem
e a autoestima para sempre. Isso é se amar. As pessoas
que têm como principal objetivo na vida conseguir
amor me preocupam, porque acho que podem acabar
mais como cobradoras do que como distribuidoras.

RABINO HAROLD KUSHNER

PARA JESUS, O MANDAMENTO MAIS IMPORTANTE EXIStente nas escrituras sagradas é o amor, sentimento este que foi didaticamente dividido em três níveis: o amor a Deus, o amor ao próximo e o amor a si mesmo.[58]

Via de regra, acreditamos que esses níveis são incomunicáveis entre si e estanques, ou seja, que é possível amar em um nível sem amar no outro. Por exemplo: muitos acreditam que amam a Deus; no entanto, cultuam aversão ao próximo, são preconceituosos, individualistas, soberbos, sem nenhuma disposição para

---

58   *Mateus 22:36–40.*

tolerar, ajudar ou perdoar o semelhante. O apóstolo João foi muito incisivo nesse aspecto:

Se alguém disser: "Amo a Deus", mas odeia o seu irmão, é mentiroso, pois quem não ama o seu irmão, a quem vê, não pode amar a Deus, a quem não vê. E este é o mandamento que dele recebemos: quem ama a Deus, ame também seu irmão.[59]

O mesmo raciocínio devemos empregar quando se trata do amor ao próximo. Há um nível antecedente, sem o qual nossas tentativas de amar as pessoas redundarão em fracasso. Jesus afirma que devemos amar o próximo tanto quanto nos amamos. Ora, sem esse amor a si mesmo, é impossível amar o próximo, porque ninguém consegue dar o que não tem. O compositor Djavan, em uma de suas belas canções, identificou a situação:

Sabe lá
O que é não ter
E ter que ter pra dar[60]

---

59   *1 João* 4:20–21. *Bíblia de Jerusalém*. PAULUS.
60   Djavan. *Esquinas*. [canção]

Acredito que essa seja a razão pela qual ainda estamos tão distantes da vivência do amor entre os homens: a maioria ainda não se ama; dessa forma, não tem para dar o que não tem nem para si mesmo. Durante muito tempo, acreditou-se que amar a si mesmo levava o indivíduo ao egoísmo. O egoísmo, no entanto, é a ausência do amor, porque o egoísta exige do mundo o que ele não dá a si mesmo. Por essa razão, o egocêntrico é um grande cobrador, ao passo que o indivíduo que ama é um grande doador!

Muitos ainda pensam que o autoamor leva à idolatria de si mesmo. No entanto, quem faz isso é o "eu inferior", o ego adoecido, que tenta camuflar sua carência com ideias de grandeza, tudo fazendo para receber a admiração dos outros. Enquanto o egocêntrico trabalha com um ser idealizado (perfeccionista), o que se ama lida com o ser real, que reconhece tanto suas potências quanto o seu calcanhar de Aquiles,[61] que identifica a própria sombra, a despeito de alguma luz que já possa ter. E, quando o amor olha o lado escuro de nosso ser, ele o faz no clima da aceitação, da compreensão da nossa infância emocional, do cuidado com as nossas feridas e do estímulo para a libertação das algemas que nos prendem ao sofrimento.

---

61 Expressão popular utilizada para se referir ao ponto fraco de alguém, sua parte frágil e vulnerável.

Amar a si mesmo é reconhecer que, dentro de cada um de nós, há um mendigo esmolando amor, há um faminto de afeto, há um doente anêmico de atenção, há um juiz cruel, que se condena por nunca conseguir a perfeição. Tem alguém que não se olha, não se ouve, não acredita em si mesmo, não se cuida, não se leva a superar os próprios desafios, permanecendo na expectativa angustiante do que o outro fará por ele. O psicólogo e professor Roberto Rosas Fernandes explica a questão a partir de sua experiência clínica:

> *Dessa maneira, podemos entender que o que os analisandos levam à análise é, muitas vezes, o amor insuficiente por si mesmo, um amor que necessita do espelhamento do Outro para se manter...*[62]

Arrisco dizer que, mais do que egos onipotentes, a maioria de nós possui egos insuficientes, isto é, egos não estruturados, por deficiência de amor próprio, e que procuram, desesperadamente, nutrir-se da consideração alheia. A cura desse frágil ego aponta para a necessidade de inversão da energia excessivamente voltada ao outro (sempre no interesse de retorno), para investi-la mais em nós mesmos, o que nos trará certamente mais equilíbrio

---

62   Roberto Rosas Fernandes. *Abismos narcísicos: a psicodinâmica do amadurecimento e da individuação.* APPRIS.

psicológico para lidarmos com os desafios do viver e para nos relacionarmos com os outros de uma forma mais autêntica, desinteressada e generosa.

Insisto em dizer que ter amor por si mesmo não é cultivo do endeusamento, mas, segundo Joanna de Ângelis:

> [...] *vencer a autocompaixão, procurando abandonar a postura de vítima e esforçando-se para recuperar o seu lugar ao sol das oportunidades de crescimento interior. Toda vez que se refugia na autocomiseração,*[63] *deixa de lutar, abandonando-se ao estágio em que se conserva como ser infeliz, quando lhe cabe superar a dificuldade e construir a vida sob nova condição.*[64]

Em termos práticos, creio que um bom método para o exercício do autoamor comece pelos cuidados com a nossa criança interior. Muito provavelmente, ela está ferida, por não ter recebido o amor que desejava, ou não foi capaz de perceber o amor que recebeu. E, hoje, ela se acha insegura, medrosa, abandonada, queixosa, revoltada, desesperadamente necessitada do olhar do

---

63 Pena de si mesmo.
64 Divaldo Pereira Franco, Joanna de Ângelis [Espírito]. *Autodescobrimento: uma busca interior.* LEAL.

outro. É chegado o momento inadiável de cuidarmos da nossa criança interior!

Como propõe o dr. Andrei Moreira, médico e escritor:

Independentemente do que nos faltou na infância ou juventude, na vida adulta somos nós os responsáveis por dar à nossa criança interna o que ela necessita. Se faltou cuidado, cuidamos dela; se faltou atenção, a valorizamos; se faltou estímulo, a promoveremos; se excederam os mimos, a ensinamos a lutar... Assim, hoje, com aceitação da vida e compromisso de autoamor preencheremos as faltas e podemos ficar livres e inteiros para olhar com mais compaixão para as pessoas comuns e imperfeitas que trilharam nosso caminho – especialmente nossos pais – e para a pessoa que somos, com amor.

[...]

O que sua criança interior necessita?

O que ela tem a lhe oferecer?

O que você pode fazer por ela e com ela hoje?[65]

---

65 Andrei Moreira. *Atitude, reflexões e posturas que trazem paz.* CURA INTERIOR.

Se pegarmos amorosamente a mão da nossa criança, começará a fase mais bonita da nossa vida!

O EXERCÍCIO DO AUTOAMOR COMEÇA PELOS CUIDADOS COM A NOSSA CRIANÇA INTERIOR.
É CHEGADO O MOMENTO INADIÁVEL DE CUIDARMOS DELA! SE PEGARMOS AMOROSAMENTE A MÃO DA NOSSA CRIANÇA, COMEÇARÁ A FASE MAIS BONITA DA NOSSA VIDA!

NOSSO
ICEBERG
★

MELHORE TUDO DENTRO DE VOCÊ,
PARA QUE TUDO MELHORE AO
REDOR DOS SEUS PASSOS.

ANDRÉ LUIZ

FRANCISCO C. XAVIER, ANDRÉ LUIZ [ESPÍRITO].
"APOSTILAS DA VIDA". IDE.

*Melhore tudo dentro de você, para que tudo
melhore ao redor dos seus passos.*

ANDRÉ LUIZ

SE VOCÊ JÁ PASSOU PELOS CAPÍTULOS ANTERIORES
deste livro, certamente percebeu que o nosso
mundo interior cria a nossa realidade. São nossos
pensamentos e sentimentos, nossas carências e nossos
complexos, sonhos e desejos recalcados que direcionam
nossas atitudes. Somos governados pela tempestade ou
pela calmaria do nosso mundo interior, quando não
pela contínua alternância de ambas.

O fenômeno se torna ainda mais complexo e intrigante ao pensarmos que todo esse universo interior,
na maior parte das vezes, é ignorado por nós mesmos.
O inconsciente é o nosso mundo subjacente, desconhecido por nós, que escapa ao controle da consciência e

que influencia a nossa vida, nossas emoções, nossos comportamentos.[66]

Segundo o psicanalista francês Jacques André, ao dizermos:

Isso foi mais forte que eu, isso me escapou, isso me veio de repente... O ato falho, o sonho, o sintoma, não são os únicos a assinalar a presença dessa outra "pessoa" que é o inconsciente, mas também todos os momentos da vida em que a consciência e a razão sentem-se engolfadas do interior por algo mais forte que elas.[67]

O inconsciente e o consciente costumam ser representados, para fins didáticos, como um grande *iceberg*: a parte visível, acima da linha d'água, é o consciente, o qual representa algo em torno de cinco a dez por cento da nossa estrutura psíquica. A parte maior, cerca de noventa por cento, é a submersa, o inconsciente, tão desconhecido de nós mesmos, mas não inerte.

O material armazenado no inconsciente é fruto daquilo que o consciente esqueceu, censurou ou reprimiu. Segundo a psicanálise, grande parte do conteúdo inconsciente tem suas raízes nas experiências marcantes da

---

66   Viviane Thibaudier. *Jung: médico da alma.* PAULUS.
67   Jacques André. *Vocabulário básico de psicanálise.* MARTINS FONTES.

infância. No entanto, para o Espiritismo, o inconsciente também alberga as experiências do espírito imortal em suas vivências passadas,[68] o que amplia, sobremaneira, o espectro de nosso mundo íntimo.

Penso que fica reforçado, então, o que temos falado neste livro sobre a necessidade do autoconhecimento, que outro fim não tem senão o de tornar consciente o que ainda não o é, a fim de que possamos conhecer e entender as tensões que emergem do inconsciente e lidar com elas positivamente.

Experimentos clínicos realizados pelos médicos Josef Breuner e Sigmund Freud concluíram que

> [...] *muitas formas de distúrbios mentais (medos irracionais, angústia, histeria, paralisias, dores imaginárias e certos tipos de paranoia) resultavam de experiências traumáticas ocorridas no passado do paciente e que então se mantinham ocultas da consciência.*
>
> *Usando uma nova técnica, que os dois descreveram em uma publicação conjunta, Freud e Breuner afirmavam ter encontrado uma maneira de liberar as memórias reprimidas do inconsciente, permitindo que o paciente recordasse a experiência de maneira consciente e a confrontasse emocional e intelectualmente. O*

---

68   Francisco C. Xavier, Emmanuel [Espírito]. *O consolador.* FEB.

processo liberava a emoção aprisionada e os sintomas desapareciam.[69]

O autoconhecimento propicia o deslocamento dos nossos conteúdos internos desconhecidos para o campo da consciência, do fundo do oceano para a superfície, da sombra para a luz, e tal movimento já é terapêutico por si só, conforme relatos de Freud e Breuner, pois tem o efeito de liberar a emoção aprisionada.

Nesse caminho, ajudam também a conversa fraterna com um amigo de confiança, com quem possamos abrir nosso coração, o diálogo com o terapeuta religioso da nossa fé, a participação em grupos de apoio em que possamos expor nossas angústias, recursos esses que despressurizam os conteúdos reprimidos. Tudo isso, evidentemente, sem excluirmos a ajuda terapêutica especializada do psicólogo, psicanalista ou psiquiatra.

Seja qual for a forma empregada, a proposta não se limita ao alívio do conteúdo reprimido, mas visa à nossa pacificação íntima por meio do encaminhamento consciente das nossas demandas, desatando os nós que impedem nossa vida de fluir livremente, retirando as algemas do passado. O processo terapêutico não tem por objetivo apagar o nosso passado dolorido, o que seria impossível, e sim ajudar-nos a sermos pessoas distintas

---

69   *O livro da psicologia*. GLOBO.

daquilo que nos ocorreu. No dizer do psiquiatra Carl Jung: "Eu não sou o que me acontece, eu sou o que escolho me tornar".[70] Não sejamos o espinho que nos feriu, mas a rosa que perfuma, apesar dos espinhos – eis o propósito maior da transformação interior!

Abri este capítulo com o pensamento de André Luiz, segundo o qual a vida melhora por fora quando melhoramos por dentro. Qualquer processo terapêutico precisa remontar às causas das nossas insatisfações e dar a elas um encaminhamento positivo. Não podemos viver a vida toda repetindo e ressentindo as mesmas angústias. O escritor e psicanalista Contardo Calligaris afirma:

Na condução de nossas vidas, somos obstinadamente repetitivos. Insistimos nas mesmas fantasias e nos mesmos sintomas.[71]

Há que se aprender com as experiências de vida, sobretudo com aquelas que nos causaram alguma ferida. A vida é uma escola, e, no conhecimento do nosso mundo íntimo, vamos encontrar as principais lições que nos recusamos a enxergar. Por isso, vivemos repetindo

---

70 Disponível em: <https://www.pensador.com/frase/MTYoM DU3Mg/>. Acesso em: 16 jul. 2019.

71 Disponível em: <https://www1.folha.uol.com.br/fsp/ilus trad/fq0302200518.htm>. Acesso em: 16 jul. 2019.

as nossas dores enquanto não tivermos o propósito de curá-las.

Ouvir o nosso mundo íntimo faz com que a vida deixe de ser repetitiva, faz com que cada um a renove todos os dias, escolha novos caminhos, desapegue-se de suas dores, exorcize seus fantasmas. Se não fizermos isso, a vida, como grande professora, repetirá experiências dolorosas, a fim de que acordemos por meio da reconexão com o nosso inconsciente, onde os mistérios são desvendados; os enigmas, resolvidos; as sombras, iluminadas; os opostos, conciliados.

HÁ QUE SE APRENDER COM AS EXPERIÊNCIAS DE VIDA, SOBRETUDO COM AQUELAS QUE NOS CAUSARAM ALGUMA FERIDA. A VIDA É UMA ESCOLA, E, NO CONHECIMENTO DO NOSSO MUNDO ÍNTIMO, VAMOS ENCONTRAR AS PRINCIPAIS

LIÇÕES QUE NOS
RECUSAMOS A ENXERGAR.
OUVIR O NOSSO MUNDO
ÍNTIMO FAZ COM QUE
A VIDA DEIXE DE SER
REPETITIVA, FAZ COM QUE
CADA UM A RENOVE TODOS
OS DIAS, ESCOLHA NOVOS
CAMINHOS, DESAPEGUE-SE
DE SUAS DORES, EXORCIZE
SEUS FANTASMAS.

VOZES
DO ESPÍRITO
★

EU SOU A LUZ DO MUNDO. QUEM ME
SEGUE NÃO ANDARÁ NAS TREVAS,
MAS TERÁ A LUZ DA VIDA.

JESUS

"JOÃO" 8:12. "BÍBLIA DE JERUSALÉM". PAULUS.

---⭐---

Eu sou a luz do mundo. Quem me segue não andará nas trevas, mas terá a luz da vida.

JESUS

NESTE CAPÍTULO, QUERO REFLETIR COM VOCÊ A RESpeito de uma das mais lindas e profundas mensagens recebidas por Chico Xavier, no meu modesto entender. Segundo escreveu o próprio Chico, a mensagem foi psicografada em reunião íntima de preces e o mensageiro que a escreveu se apresentou num ambiente de grande elevação, tendo se identificado e assinado o comunicado apenas com as palavras: "O Espírito".[72]

---

72 Referida mensagem, intitulada "Vozes do Espírito", bem como as palavras de Chico Xavier constam do livro *Aulas da vida*, Espíritos diversos, psicografia de Francisco Cândido Xavier, publicado pela IDEAL.

A mensagem, intitulada *Vozes do Espírito*, é constituída de trinta frases, uma síntese primorosa dos mais belos ensinamentos espirituais de que se tem notícia. Por essa razão é que, particularmente, acredito que seu autor seja o próprio Jesus, embora a identidade do Espírito comunicante não importe muito, e sim o conteúdo espiritual da mensagem que ele traz. Escolhi algumas das frases para as nossas reflexões, esperando que as "Vozes do Espírito" soprem em nossa vida e nos tragam os esclarecimentos espirituais de que tanto precisamos neste momento.

O Universo é meu Caminho.
A Eternidade é meu Reino.
A Imortalidade é minha Vida.

Quando leio essas três frases, descubro-me na condição de um viajante percorrendo um mundo infinitamente maior do que a minha mente pequena e limitada cogita. Às vezes, passamos a vida toda na mesma cidade, no mesmo bairro, ou mesmo conhecendo outras cidades e países. Mas o que tudo isso significa, diante da imensidão do universo, cuja extensão ainda é desconhecida pela própria ciência?

Minha mente se expande quando penso na existência de outras galáxias, de outros mundos, dos "buracos negros" e universos paralelos... Sou levado a pensar em quantos caminhos ainda temos a percorrer, por quantas experiências ainda precisamos passar, em quantas viagens temos a fazer... E me surpreendo pelas vezes em que, em razão de insucessos na vida, nos recusamos a seguir em frente, negamos a busca de outros caminhos e passamos o restante da existência como se nosso mundo tivesse acabado, como se não tivéssemos mais por onde andar, por onde ir, o que fazer... Precisamos aprender a derrubar as cercas que a nossa limitada visão colocou ao redor de nós, precisamos "pensar fora da caixinha", como popularmente se diz, isto é, sair do óbvio, do lugar comum!

Quando ouço a "voz" dizer que a imortalidade é a minha vida, eu me percebo fazendo uma viagem que não tem data para acabar, reconheço que a morte física é apenas mudança de estação, sem que represente o fim do percurso. Sou um espírito peregrinando pelo mundo, e a experiência física é apenas uma das etapas dessa imensa viagem cósmica, cujo objetivo maior é nos fazer aprender a amar e ser amado, pois o Espírito também disse que o amor é a nossa Lei.

Cabe a mim, desse modo, ficar atento para saber se o amor tem feito parte da minha caminhada, o quanto tenho amado e o quanto estou aberto para receber amor. Particularmente, tenho alguma dificuldade em receber amor, talvez porque ainda acredite que somente seremos amados por aquilo que de bom fizermos, e não pelo simples fato de existirmos no amor de Deus.

Devemos aproveitar a viagem, não sobrecarregando a bagagem com coisas que não poderemos levar quando essa etapa do roteiro terminar. Agora entendo melhor o que Jesus quis dizer quando pediu que acumulássemos os tesouros do céu.[73] Os tesouros da Terra podem nos proporcionar um bem-estar legítimo; nunca, porém, a garantia de uma vida com um propósito que transcenda as coisas, ou a de que amemos as pessoas e que tenhamos paz de espírito.

A crença na imortalidade me faz pensar também nos entes queridos que partiram, e me convenço de que eles não morreram; apenas estão viajando pelo universo, no reino da eternidade. A viagem nunca termina; tão somente muda de lugar. Eles vivem, trabalham, estudam e se relacionam nas outras moradas existentes na casa do Pai, conforme afirmou Jesus.[74] Isso acalma tanto o meu coração, saudoso dos afetos que viajaram para essas moradas!

A Experiência é minha Escola.
O Obstáculo é minha Lição.
A Dificuldade é meu Estímulo.

---

73   *Mateus* 6:19–21.
74   *João* 14:2.

A Dor é meu Aviso.
A Perfeição é meu Destino.

Agrupei essas cinco frases porque elas nos dão bem a ideia de que Deus tem um projeto pedagógico para seus filhos. Fomos criados na condição de espíritos simples e ignorantes (destituídos de conhecimento),[75] e a perfeição é nosso destino, embora seja um destino ainda consideravelmente distante da nossa atual condição evolutiva. Mas não importa: já sabemos qual é o objetivo maior dessa grande viagem, compreendendo que a perfeição não se atinge num piscar de olhos; é, sim, construída, tijolo a tijolo, em cada estação das nossas andanças pelo universo.

Isso não quer dizer, todavia, que, enquanto não conquistada a perfeição, a vida atual seja desprezível e condenável. Todos os degraus da escada têm a sua relevância, pois eles foram projetados de acordo com o tamanho das nossas pernas. Ter a meta de um futuro melhor jamais significará perder o imprescindível encantamento pelo degrau em que hoje nos encontramos, pois somente assim nos habilitaremos a subir para o próximo.

Nessa trajetória sem fim, minhas experiências são as lições da escola da vida em que estou matriculado e na

---

75 Allan Kardec. *O livro dos Espíritos*. Tradução de J. Herculano Pires. FEESP. [questão 115]

qual sou um aprendiz. O erro também faz parte dessa experiência, pois, muitas vezes, é a partir dele que chegamos ao acerto. Não tenhamos receio de errar; apenas tomemos o cuidado de não ficar repetindo erros antigos, porque isso pode atrasar muito a nossa viagem.

Ouvindo a voz do Espírito, entendo que, na escola da vida, surgirão obstáculos, que não é possível viajar apenas por mares calmos e estradas asfaltadas. As tempestades e as pedras da vida são lições necessárias para que o espírito saia daquela condição inicial de ignorância e, pouco a pouco, aprimore-se, lapide-se, ilumine-se. A "voz" nos esclarece que a dificuldade é um estímulo nesse processo de crescimento espiritual. É a dificuldade que me compele a ser melhor, é ela que me obriga a desenterrar meus potenciais adormecidos ao navegar por águas tranquilas. Tenho observado isso ao ver pessoas que fizeram grandes transformações em suas vidas quando enfrentaram fortes ventos contrários.

Nessa jornada de travessia das nossas provas, Jesus nos aconselha a adotar duas posturas fundamentais. Ele fala em coragem ("No mundo tereis tribulações, mas tende coragem. Eu venci o mundo!"[76]) e perseverança ("Aquele, porém, que perseverar até o fim, esse será salvo."[77]). A coragem e a perseverança não deixarão o barco

---

76 *João 16:33. Bíblia de Jerusalém.* PAULUS.
77 *Mateus 24:13. Bíblia de Jerusalém.* PAULUS.

da nossa vida virar quando as dificuldades surgirem em nosso caminho, pois o Espírito afirmou que a luta é nossa oportunidade, entendendo eu que seja a oportunidade de aprender, corrigir, crescer, melhorar, progredir, avançar, curar, amar!

O Passado é minha Advertência.
O Presente é minha Realidade.
O Futuro é minha Promessa.

Sinto que, com essas palavras, "a voz" nos dá uma bússola para nos guiar na grande viagem que estamos empreendendo. Ao falar que o passado é nossa advertência, o Espírito ensina que, do passado, devemos retirar as lições das nossas quedas, a fim de não voltarmos a cair nos mesmos buracos. Se tivermos que cair novamente, que nossos buracos sejam novos. Outra vez, ressalta-se neste livro a importância do autoconhecimento, já tratado em capítulos anteriores. Quem se conhece aprende com seus erros e está mais atento para não os repetir. Portanto, o passado não deve provocar culpa; devemos usá-lo para promover aprendizado, incorporando-o à nossa bagagem.

O futuro é apenas uma promessa, uma expectativa. A vida não está lá, pois é no presente que ela mora. O presente é a nossa realidade, disse o Espírito, querendo com isso esclarecer que somente no aqui e no agora é que a vida existe. Por certo, nesse ponto reside nosso grande problema: a não aceitação da realidade, tal como ela se apresenta. E, enquanto a vida não for o que gostaríamos que ela fosse, ficaremos de mal com ela, negando-nos a aproveitar as experiências que a sabedoria divina preparou para nossa viagem pela Terra. (Recomendo a leitura ou a releitura do capítulo 6.)

Muitas vezes, teremos de escalar montanhas para fortalecer nossas pernas, teremos de experimentar carências para despertar nossa vontade, haveremos de sofrer tentações para desenvolver nosso discernimento, conhecer a tristeza para compreender a felicidade, passar pela doença para preservar a saúde, enfrentar perdas para aprender a valorizar o que já possuímos. Costumeiramente, é o avesso que nos mostra o direito.

Sem aceitação da realidade, eu não consigo aprender o que necessito, eu não consigo parar de formular a angustiante pergunta: "por que é que isso foi acontecer comigo?", em vez de simplesmente indagar "para que fim isso aconteceu?". Eckhart Tolle afirma:

> *Mesmo nas situações aparentemente mais inaceitáveis e dolorosas existe um profundo bem. Dentro de cada desgraça, de cada crise, está a semente da graça.*[78]

---

78   Eckhart Tolle. *O poder do silêncio.* SEXTANTE.

183

As vozes do Espírito estão soprando. Elas impulsionam as velas da nossa embarcação. Tire o excesso de peso, aceite a maré como ela se apresenta, fique firme nas tempestades, sabendo que elas passam. Não perca o objetivo da sua viagem. Sempre é tempo de retomar a rota.

Jesus adorava mares e barcos. Acalmava ventos e tempestades. Sua mensagem vem em nossa direção. Ouçamos as vozes do Espírito...

NÃO PERCA O OBJETIVO
DA SUA VIAGEM.
SEMPRE É TEMPO DE
RETOMAR A ROTA.
JESUS ADORAVA MARES
E BARCOS. ACALMAVA
VENTOS E TEMPESTADES.
SUA MENSAGEM VEM EM
NOSSA DIREÇÃO. OUÇAMOS
AS VOZES DO ESPÍRITO...

ONDE ESTÁ A CURA?

★

TRANQUILIZE O CAMPO NERVOSO. DESCANSE O PENSAMENTO NA PRECE E NO TRABALHO DO BEM E USE A SERENIDADE MENTAL COMO REMÉDIO EDIFICANTE. CUIDADO PARA CONSIGO MESMO NO SENTIDO DE PRESERVAR A SUA PAZ, EM FAVOR DA PRÓPRIA SAÚDE!

BEZERRA DE MENEZES

FRANCISCO C. XAVIER, BEZERRA DE MENEZES [ESPÍRITO]. "APELOS CRISTÃOS". UEM.

Tranquilize o campo nervoso. Descanse o pensamento na prece e no trabalho do bem e use a serenidade mental como remédio edificante. Cuidado para consigo mesmo no sentido de preservar a sua paz, em favor da própria saúde!

BEZERRA DE MENEZES

ESSAS PALAVRAS DE BEZERRA DE MENEZES, MÉDICO em sua última passagem pela Terra que continua no além exercendo a medicina espiritual, foram dirigidas aos enfermos presentes em reunião presidida pelo médium Chico Xavier. Analisando o conselho prescrito, verifico a íntima relação que se faz entre saúde e paz, como se a primeira não pudesse existir sem a segunda. Repetindo a receita do médico espiritual: "Preservar a sua paz, em favor da própria saúde".

Não se desmerece o tratamento médico convencional; apenas se amplia a noção de cura para além dos limites da matéria, alcançando a pacificação do nosso mundo íntimo, muitas vezes conflituoso. Não basta remediar o corpo físico; é preciso também sanar as emoções doentias, restabelecendo a paz íntima. A ideia é que, em grande parte, a doença vem de dentro para fora, isto é, do espírito para o corpo. Dessa forma, nas vezes em que um determinado conflito vem roubar a nossa paz, a desarmonia interior se irradia para as células, órgãos e sistemas do nosso corpo físico, prejudicando seu regular funcionamento.

Lembremos que corpo e espírito estão interligados a tal ponto que todas as nossas emoções, sejam elas boas, sejam ruins, são compartilhadas pelas células. Daí por que Emmanuel chegou a escrever:

Se te encontras enfermo, não acredite que a ação medicamentosa, através da boca ou dos poros, te possa restaurar integralmente. O comprimido ajuda, a injeção melhora, entretanto, nunca te esqueças de que os verdadeiros males procedem do coração.[79]

A respeito dessa interação entre a saúde física e as nossas emoções, o dr. Deepak Chopra afirma:

---

79 Francisco C. Xavier, Emmanuel [Espírito]. *Fonte viva.* FEB.

O sistema imunológico é, ao mesmo tempo, infinitamente belo e terrivelmente vulnerável. Ele molda nosso elo com a vida e, no entanto, pode se romper a qualquer momento. O sistema imunológico conhece todos os nossos segredos, todas as nossas tristezas. Ele sabe por que uma mãe que perdeu um filho pode morrer de tristeza, porque o sistema imunológico morreu de tristeza primeiro. Ele conhece cada momento que um paciente de câncer passa à luz da vida ou à sombra da morte, porque ele transforma esses momentos na realidade física do corpo.[80]

Portanto, uma vez enfermos, sem prejuízo dos cuidados médicos necessários, devemos nos fazer algumas perguntas: "O que tem tirado a minha paz?"; "O que tem deixado meu coração triste e amargurado?"; "Por que me tornei essa pessoa carregada?"; "Onde perdi a alegria de viver, a vontade de levantar da cama, o desejo de realizar meus sonhos?".

Marianne Williamson propõe algumas outras questões que a visita da doença deve provocar em nosso íntimo:

---

80   Deepak Chopra. *O caminho da cura*. ROCCO.

Por que ajo de forma tão arrogante? Por que finjo ser tão durão? Por que julgo tanto as pessoas? Por que não valorizo todo o amor e a beleza ao meu redor? Por que evito o elemento mais simples e mais importante do meu ser, o amor em meu coração?[81]

Muito provavelmente, ao respondermos a esses questionamentos, vamos nos deparar com situações de vida que nos despertaram sentimentos ruins, como, por exemplo, raiva, ódio, mágoa, frustração, culpa, decepção, inveja, ciúme, desamor. Tais estados emocionais, quando se tornam crônicos, alteram nosso equilíbrio físico e dão ensejo ao surgimento de diversas enfermidades, de modo que retirar os espinhos encravados na alma representará um ato de cura a nosso favor.

Tenho certeza de que você deve estar pensando que é impossível viver sem experimentar quase todos esses sentimentos negativos. E você tem razão. Na escala evolutiva, ainda somos humanos, e, do ponto de vista espiritual, estamos ainda distantes dos anjos; por isso, ainda experimentamos todas essas sensações, derivadas do nosso "eu inferior". Mas não podemos estacionar nas sensações do ego adoecido! Aliás, viemos a este mundo

81   Marianne Williamson. *Um retorno ao amor*. NOVO PARADIGMA.

exatamente para trabalhar as inferioridades que nos adoecem, que roubam a nossa paz e que nos distanciam do amor.

Como a nossa atual condição evolutiva se caracteriza pelo predomínio do "eu inferior" sobre o "eu maior" (veja o capítulo 8), é previsível que ainda carreguemos sentimentos egoicos que estejam afetando nossa saúde. Não acredito que esse universo íntimo, ainda dominado pelo "eu inferior", seja passível de mudança do dia para a noite. A total extinção do mal dentro da gente é um trabalho progressivo, que ainda levará muitos séculos, o que não significa inércia diante das nossas sombras. Nosso processo de maturação é gradual, de acordo com essa alegoria do Evangelho:

Por si mesma, a terra produz o fruto: primeiro a planta, depois a espiga e, por último, o grão que enche a espiga.[82]

Por ora, o trabalho deve ser o de conhecer o nosso mundo íntimo, a vida inconsciente, onde estão as nossas sombras, para que, ao identificá-las, estejamos atentos para não sermos dominados pelos sentimentos do ego adoecido. Allan Kardec afirmou que o verdadeiro

---

82 *Marcos 4:28. Bíblia sagrada.* Tradução oficial da CNBB. CNBB.

espírita (e aqui eu incluiria todo aquele que deseja o seu desenvolvimento espiritual) é reconhecido pela sua transformação moral e pelos esforços que faz para dominar as suas más inclinações.[83] Observemos que Allan Kardec fala em "esforços para dominar as más inclinações", e não para extingui-las de imediato, respeitando, portanto, o tempo de maturação entre a semente e a espiga.

É compreensível, por exemplo, que eu ainda sinta mágoa quando sou ofendido; contudo, devo me esforçar para que o orgulho ferido não me transforme numa pessoa magoada. É humano que eu ainda sinta raiva nos momentos em que sou enganado; todavia, devo procurar o autocontrole, para não me tornar escravo da raiva. Tolerável que eu ainda sinta culpa quando cometo erros; no entanto, não posso viver como um condenado à prisão perpétua.

Todas as vezes que eu exagero e prolongo esses sentimentos além daquilo que seria admissível em nosso nível humano, passo a ser governado pelo ego adoecido, o qual precisa estar apegado à própria dor para ser visto e reconhecido. A partir de então, aquela emoção, inicialmente humana e até saudável, numa certa medida, passa a se tornar doentia, ensombrando o corpo com

83   Allan Kardec. *O Evangelho segundo o Espiritismo*. [cap. XVII, item 4]

variadas doenças. (Recomenda-se a leitura ou a releitura do capítulo 2.)

Se estivermos sempre atentos ao "conheça-te a ti mesmo", passaremos a fazer esse ajuste diário, a transposição do "eu menor" para o "eu maior", a ouvir o divino que habita em nós. Na verdade, o autoconhecimento nos levará, inevitavelmente, à conscientização de que estamos num processo de fazer escolhas a todo o momento: a raiva, o ódio, a inveja, o vitimismo, a vingança, por exemplo, são escolhas feitas a partir do que se passa em nosso inconsciente. Quando, porém, trazemos o inconsciente para o consciente, por meio da prática do autoconhecimento, passamos a dominar esse processo de fazer escolhas. Ficamos cientes da espécie de pessoa que queremos nos tornar, e passamos a agir de acordo com esse propósito. Quando isso estiver bem interiorizado, aqueles comportamentos do "eu inferior" não mais serão escolhas compatíveis com os propósitos de nossa iluminação íntima, e, lentamente, não sentiremos mais raiva, inveja, mágoa e desamor.

O autoconhecimento não é uma jornada para fracos! Exige muita coragem de se olhar e de se confrontar consigo mesmo; de reconhecer o quanto ainda somos mesquinhos, narcísicos, violentos e com outros tantos traços que nos envergonham. Entretanto, creio que ninguém conhecerá a luz se não passar pela escuridão. O que chamamos de "defeitos" são as pedras com as quais ergueremos a escada da nossa ascensão espiritual!

O psiquiatra Ron Leifer esclarece:

Ouvi alguns lamas tibetanos comparando o sofrimento ao esterco. O esterco fede. Ninguém quer um monte de esterco na sua sala. Mas o agricultor recolhe esse material e o espalha pela terra. O esterco faz a plantação crescer. A dor é um fertilizante, um catalisador. A dor é a motivação para as mudanças.[84]

Ganham especial relevo, nessa ótica, as propostas terapêuticas de Jesus, as quais representam um chamado do nosso "eu maior", do nosso "Cristo interno", consistentes na reconciliação com os nossos adversários, no perdão das ofensas, no oferecer a outra face, no amor por nós mesmos e pelo próximo, no levantar e seguir depois de nossas quedas, no não voltar a pecar, no não julgar, na fé que remove montanhas, em viver intensamente o dia de hoje, não olharmos para trás nem nos preocuparmos apenas com o dia de amanhã, em sair dos nossos túmulos, em nascer de novo para entrar no Reino de Deus...

---

84 Ron Leifer. *Transformando vinagre em mel.* MARTINS FONTES.

Quantos remédios o médico Jesus prescreveu para a prevenção e a cura das nossas enfermidades! Muitos, no entanto, procuram, em vão, o auxílio da medicina da Terra e do Céu, aspirando à cura, sem, no entanto, olharem para si mesmos e reconhecerem como estão se ferindo. Imploram a ajuda do Céu, mas não querem jogar fora suas muletas emocionais. Pedem a cura de um nódulo, mas resistem a desatar os nós que deram em suas vidas. Clamam pela libertação de suas dores, mas vivem presos nas grades da culpa, não modificando a conduta malsã. Pedem o desaparecimento da doença, mas não esquecem as mágoas que os deixaram doentes. Muitos suplicam vida nova, mas não estão dispostos a esquecer suas histórias tristes!

Dificilmente tais pessoas encontrarão a cura real, porque elas ainda não souberam promover a paz em si mesmas. Ainda não estão leves, soltas, serenas, bem-humoradas, alegres, humildes, simples, de bem com elas mesmas, de bem com a vida, com a consciência tranquila. Quando participo de trabalhos de assistência espiritual à saúde, tentando despertar nos enfermos o desejo de alguma mudança positiva em sua vida, costumo fazer a seguinte pergunta:

— Como você vai viver quando sair daqui?

A grande maioria das pessoas parece continuar a viver do mesmo jeito que vivia antes da doença. Esperam um milagre que venha de fora, desejam que Jesus as cure, mas não estão dispostas a se tornar um Bartimeu (veja o capítulo 4). Outras já perceberam que o milagre está dentro delas mesmas, e passam a ter um novo olhar sobre a existência, entendem que a doença é uma professora que veio lhes ensinar que algo estava faltando em suas vidas, e procuram atender ao chamado que vem do inconsciente.

A partir daí, fazem grandes transformações positivas e, enfim, entram no estado de paz interior! São essas as que geralmente se curam ou, se não se curam por completo, vivem mais e melhor. Quebram a casca do "eu menor" e deixam o amor entrar!

E quanto a nós, como passaremos a viver quando terminar este capítulo?

QUANTOS REMÉDIOS O
MÉDICO JESUS PRESCREVEU
PARA A PREVENÇÃO E
A CURA DAS NOSSAS
ENFERMIDADES! MUITOS,
NO ENTANTO, PROCURAM,
EM VÃO, O AUXÍLIO DA
MEDICINA DA TERRA E
DO CÉU, ASPIRANDO

À CURA, SEM, NO ENTANTO, OLHAREM PARA SI MESMOS E RECONHECEREM COMO ESTÃO SE FERINDO. DIFICILMENTE TAIS PESSOAS ENCONTRARÃO A CURA REAL, PORQUE ELAS AINDA NÃO SOUBERAM PROMOVER A PAZ EM SI MESMAS.

A CORAGEM
DE RECOMEÇAR
★

OS ÚNICOS DERROTADOS NO MOVIMENTO
CRIATIVO DA VIDA SÃO AQUELES QUE
ATRAVESSAM A EXISTÊNCIA PERGUNTANDO
O PORQUÊ DAS OCORRÊNCIAS E DAS
COISAS, SEM SE DAREM AO TRABALHO
DE CONHECER-LHES A ORIGEM;
AQUELES QUE DESCRERAM DE DEUS
E DE SI MESMOS, APAGANDO-SE NO
VAZIO DO "NADA MAIS A FAZER";
AQUELES QUE CHORAM INUTILMENTE
AS PROVAÇÕES NECESSÁRIAS; AQUELES
QUE FOGEM DOS PROBLEMAS DA VIDA,
TEMENDO-LHES AS COMPLICAÇÕES;
AQUELES QUE SE ACREDITAM INCAPAZES
DE ERRAR E AQUELES OUTROS QUE, EM
SE OBSERVANDO CAÍDOS, NESSA OU
NAQUELA FALTA, NÃO SENTEM A PRECISA
CORAGEM DO "COMEÇAR DE NOVO".

EMMANUEL

FRANCISCO C. XAVIER, EMMANUEL
[ESPÍRITO]. "ALMA E LUZ". IDE.

Os únicos derrotados no movimento criativo da vida
são aqueles que atravessam a existência perguntando
o porquê das ocorrências e das coisas, sem se darem
ao trabalho de conhecer-lhes a origem; aqueles que
descreram de Deus e de si mesmos, apagando-se no
vazio do "nada mais a fazer"; aqueles que choram
inutilmente as provações necessárias; aqueles que fogem
dos problemas da vida, temendo-lhes as complicações;
aqueles que se acreditam incapazes de errar e aqueles
outros que, em se observando caídos, nessa ou naquela
falta, não sentem a precisa coragem do "começar de novo".

EMMANUEL

DO PONTO DE VISTA ESPIRITUAL, "DERROTADO" NÃO é aquele que sofreu algum revés na vida, que perdeu alguma oportunidade, que fracassou em algum tentame, que não atingiu suas metas. Raciocinando como espíritos imortais que somos, caminheiros da eternidade por meio de sucessivas reencarnações, somos obrigados a pensar que, em nosso processo de evolução, pelo menos no nível em que nos encontramos, e no daqueles que nos cercam também, não existe experiência que possa ser considerada como um ponto final sem possibilidade de recomeço.

Afinal, somos alunos na escola da vida, estamos em processo de aprendizado e desenvolvimento dos potenciais de amor e sabedoria com os quais Deus nos criou. Na pedagogia divina, o erro, o fracasso e o insucesso são vistos como etapas da nossa evolução, experiências de quem está matriculado na escola humana, naturalmente imperfeita, frágil e inacabada. Os fracassos nos obrigam a raciocinar sobre as atitudes que temos tido, identificando nossos pontos vulneráveis, com o objetivo de nos preparar melhor para as novas experiências que nos aguardam. Assim, as experiências de erro/aprendizado vão nos levando a novos degraus da evolução.

Poucas vezes, no entanto, nos damos a esse trabalho interior de aprender com as nossas próprias quedas. Preferimos a reclamação e a revolta contra a vida, e, com isso, viramos presas da inércia, que nada nos acrescenta em termos de aprendizado e transformação. Tornamo-nos, dessa forma, os verdadeiros derrotados pelo orgulho, que não nos permite nos enxergarmos como alunos na escola da vida, que, por essa condição, ainda erram e se enganam muitas vezes. O autoconhecimento nos levaria a essa constatação, deixando a porta aberta para a transformação de nossos pontos vulneráveis. Por esse motivo, o filósofo Platão teria dito: "Uma vida não questionada não vale a pena ser vivida."[85]

---

85 Disponível em: <https://www.pensador.com/frase/MTYx OQ/>. Acesso em: 16 de jul. 2019.

Outras vezes, somos tragados pela descrença e, tão logo nos deparamos com os primeiros insucessos, abandonamos nossos projetos na estrada do desânimo, apregoando que nada mais temos a fazer. Não confiamos no amparo divino, tampouco acreditamos em nós mesmos. Esquecemos que Deus dotou cada um dos seus filhos de capacidades perfeitamente adequadas para a resolução dos seus desafios. Mas isso requer consciência do poder espiritual com que cada um foi investido por Deus ("Sois deuses", disse Jesus),[86] coragem para enfrentar as provas e perseverança nas boas resoluções.

Não raro, quando algo não dá certo em nossa vida, acabamos nos tornando pessoas caóticas, isto é, deixamos que a desordem e o desgoverno tomem conta de nós e, assim, facilmente perdemos a motivação, o foco em nossos objetivos e abandonamos o esforço nas atitudes que nos levariam ao êxito. Isso é a verdadeira derrota, que decorre da indisciplina das nossas emoções e atitudes.

Recordo que, ao iniciar sua tarefa mediúnica, a primeira orientação que Chico Xavier recebeu do mundo espiritual foi a seguinte: "Disciplina, disciplina, disciplina".[87] Com ela, Chico Xavier conseguiu a proeza de publicar mais de 450 livros, participar assiduamente de

---

86   *João* 10:34. *Bíblia de Jerusalém.* PAULUS.
87   Marcel Souto Maior. *As vidas de Chico Xavier.* PLANETA.

centenas de reuniões espirituais, visitar semanalmente lares em dificuldades, sem prejuízo de seu trabalho material, de suas obrigações perante a família; tudo isso a despeito da saúde sempre debilitada. Disciplina não é apenas organização de tempo; é clareza de objetivos, é priorização daquilo que é importante em nossa vida, é esforço para suprimir obstáculos, é persistência quando surgem as dificuldades, é aprendizado com as derrotas para chegar à vitória!

Um amigo que prestou diversos concursos públicos me contou que procurava não deixar a reprovação estremecer seu ânimo. Quando ele tomava conhecimento de que não havia sido aprovado, no dia seguinte retomava seus estudos com mais determinação, a fim de superar os seus limites. A cada insucesso, embora sentisse a dor da frustração, ele tinha a coragem de começar de novo, porque jamais se sentiu destruído. E não tardou a ser aprovado, realizando o sonho que tanto acalentava. Ele não deixou o sonho morrer nas horas em que as portas se fechavam, não se abateu pelas lágrimas do desânimo, e foi capaz de suar muito para que outras portam se abrissem. Ele teve a coragem de recomeçar muitas vezes!

Você acredita que conosco seria diferente?

EM NOSSO PROCESSO
DE EVOLUÇÃO, PELO
MENOS NO NÍVEL EM QUE
NOS ENCONTRAMOS, E
NO DAQUELES QUE NOS
CERCAM TAMBÉM, NÃO
EXISTE EXPERIÊNCIA QUE
POSSA SER CONSIDERADA
COMO UM PONTO FINAL
SEM POSSIBILIDADE
DE RECOMEÇO.

SOMOS ALUNOS
NA ESCOLA DA VIDA.
NA PEDAGOGIA DIVINA,
O ERRO, O FRACASSO E O
INSUCESSO SÃO VISTOS
COMO ETAPAS DA NOSSA
EVOLUÇÃO, EXPERIÊNCIAS
DE QUEM ESTÁ
MATRICULADO NA ESCOLA
HUMANA, NATURALMENTE
IMPERFEITA, FRÁGIL
E INACABADA.

QUAL É
O SEU NOME?

★

COM EFEITO, JESUS LHE DISSE: "SAI
DESTE HOMEM, ESPÍRITO IMPURO!"
E PERGUNTOU-LHE: "QUAL O SEU
NOME?" RESPONDEU: "LEGIÃO É MEU
NOME, PORQUE SOMOS MUITOS".

EVANGELHO DE MARCOS

"MARCOS" 5:8–9. "BÍBLIA DE JERUSALÉM". PAULUS.

Com efeito, Jesus lhe disse: "Sai deste homem, espírito impuro!" E perguntou-lhe: "Qual o seu nome?" Respondeu: "Legião é meu nome, porque somos muitos".

EVANGELHO DE MARCOS

NESSA PASSAGEM DO EVANGELHO, JESUS ACABARA DE chegar à região de Gerasa e um homem possuído por um espírito impuro, que habitava as tumbas e ninguém conseguia dominar, foi ao encontro do Mestre, indagando: "Que queres de mim, Jesus, filho do Deus altíssimo? Conjuro-te por Deus que não me atormentes!". Antes que o espírito infeliz fosse afastado, Jesus indagou-lhe qual era o seu nome, obtendo como resposta que o nome era "Legião", porque eram muitos.

O episódio enseja interpretações sob enfoque diversos, que não se antagonizam; antes, se complementam. A interpretação que mais salta aos olhos é a que demonstra a possibilidade de sermos influenciados, em maior ou menor grau, por espíritos inferiores. Allan Kardec definiu o fenômeno com a palavra "obsessão", isto é,

o domínio que alguns Espíritos logram sobre certas pessoas. Nunca é praticada senão pelos Espíritos inferiores, que procuram dominar.[88]

Há diversas passagens do *Novo Testamento* em que Jesus e seus apóstolos afastaram espíritos impuros de suas vítimas,[89] o que nos leva a crer que a obsessão é muito mais comum do que pensamos. Interessante observar que a Medicina já reconhece como doença a obsessão espiritual, segundo o Código Internacional de Doenças.[90] Nossa tendência é achar que os "mortos" estão mortos, excluídos da vida, quando, na verdade, continuam vivos em outro plano de existência, mas se inter-relacionando, em algum grau, com a população encarnada. Nesse intercâmbio, influenciamos e somos influenciados, sobretudo por meio dos pensamentos.

A maior parte dos espíritos que partem daqui ainda permanece ligada aos interesses terrenos; eles não conseguem, e, no mais das vezes, nem desejam galgar a regiões espirituais mais elevadas. A força da gravidade

---

88 Allan Kardec. *O livro dos médiuns*. FEB.
89 Por exemplo, *Lucas* 4:31–37 e *Atos dos Apóstolos* 5:16.
90 CID 10, item F.44.3: estados de transe e de possessão.

de seus interesses materiais os prende ao mundo físico, mantendo-os apegados a bens, vícios e paixões terrenas. E, assim, passam a viver ao lado daqueles com quem compartilham as mesmas afinidades.

Nesse sentido, é valioso o esclarecimento de Richard Simonetti a respeito da busca de contato dos espíritos inferiores com aqueles que se encontram na esfera física, com o objetivo de os tornar instrumentos dos seus desejos:

Viciados procuram satisfazer o vício. Vítimas intentam vingar-se de seus algozes. Usurários defendem o ouro amoedado. Ambiciosos pretendem sustentar dominação. Fugitivos da luz trabalham em favor das sombras. Famintos do sexo vampirizam sexólatras. Gênios da maldade semeiam confusão. Alienados da realidade espiritual perturbam familiares.[91]

Frequentemente, a obsessão se estabelece por algum ponto comum entre o espírito inferior e as nossas inclinações negativas desgovernadas, em relação às quais não temos feito nenhum esforço de controle e superação. O ciúme, a inveja, o orgulho, a avareza, a ira, o desejo de vingança, a maledicência, o rancor, quando passam a ditar o nosso comportamento porque viraram ideias

---

91   Richard Simonetti. *Quem tem medo da obsessão?*. CEAC.

obsessivas, acabam se tornando tomadas de ligação com espíritos que vibram na mesma faixa de sentimentos negativos.

Toda obsessão espiritual, portanto, nasce de uma auto-obsessão! Por exemplo, a pessoa ciumenta pode, em vista de certa ocorrência, deixar o ciúme crescer de tal forma que aquilo se torna uma ideia fixa, que passa a atormentá-la sem trégua. A partir desse pensamento auto-obsessivo, fortemente alimentado, torna-se então vulnerável a algum espírito inferior que esteja na mesma frequência de pensamento, aproveitando-se de suas brechas para provocar mais tormento ainda. Podemos dizer que os "demônios" de fora conversam com os "demônios" que carregamos por dentro.

Sem prejuízo da ajuda espiritual que venha a buscar no templo religioso, a fim de afastar a influência do espírito inferior, a vítima precisa aprender a identificar os seus "demônios" íntimos, isto é, as suas sombras, que se expressam em pensamentos, sentimentos e atitudes. Ódios, traumas, complexos, carências e toda uma gama de emoções destrutivas, oriundas do orgulho e do egoísmo, acabam ganhando muito espaço em nosso psiquismo e se transformam em dragões cuspindo fogo em nossa vida íntima, abrindo campo para as influências espirituais correspondentes, quando não para doenças emocionais e psíquicas. Quem quiser se ver livre das interferências espirituais precisa se autoconhecer, para identificar os "demônios" que carrega em sua mente e coração.

Veja o que disse o escritor e psicanalista Rubem Alves:

"Qual é o teu nome?" Essa foi a pergunta que Jesus fez a um homem possuído pela coisa-ruim. E por que esse interesse pelo nome de um demônio? Porque os entendidos nas artimanhas dele sabem que o demônio não suporta ouvir o próprio nome. Quando seu nome é pronunciado, ele foge para lugares desertos e deixa em paz a pessoa cujo corpo morava. O demônio, sabendo disso, recusou-se a dar uma resposta concreta à pergunta de Jesus e dissimulou: "O meu nome é Legião, porque somos muitos…" A psicanálise, que é uma forma moderna de exorcismo, está de acordo. A psicanálise é a procura do nome reprimido e escondido. Quando o possuído – isto é, o paciente –, aprende o nome do demônio que o atormenta e o diz em voz alta, fica livre.[92]

92　Rubem Alves: *Sobre demônios e pecados*. COMPANHIA EDITORA NACIONAL.

Quando essa identificação é feita – o que se dá a partir do autoconhecimento –, ocorre uma dissociação entre o possuído e o possuidor. Já não são mais a mesma pessoa, já não respiram mais o mesmo ar, já não mais se alimentam da mesma comida, já não querem mais andar pelo mesmo caminho. Enfim, o possuído se liberta dos seus fantasmas, dragões, demônios e correntes porque não vive mais fora de si. Ele voltou a viver dentro de si!

Aproveitando a pergunta de Jesus, bem que poderíamos nos questionar sobre o nome do nosso demônio...

A VÍTIMA PRECISA
APRENDER A IDENTIFICAR
OS SEUS "DEMÔNIOS"
ÍNTIMOS, ISTO É, AS
SUAS SOMBRAS,
QUE SE EXPRESSAM
EM PENSAMENTOS,
SENTIMENTOS E ATITUDES.

QUEM QUISER SE VER
LIVRE DAS INTERFERÊNCIAS
ESPIRITUAIS PRECISA
SE AUTOCONHECER,
PARA IDENTIFICAR OS
"DEMÔNIOS" QUE CARREGA
EM SUA MENTE E CORAÇÃO.

NOSSA CABANA

★

ESTOU CONVENCIDO DE QUE O AMOR
INCONDICIONAL REPRESENTA O MAIS
PODEROSO ESTIMULANTE DO SISTEMA
IMUNOLÓGICO. SE EU PEDISSE AOS
DOENTES QUE ELEVASSEM SEUS NÍVEIS
DE IMUNOGLOBULINA OU DE CÉLULAS T,
NINGUÉM SABERIA O QUE FAZER.
MAS, SE PUDER ORIENTÁ-LOS QUE AMEM
A SI MESMOS E AOS OUTROS DE FORMA
PLENA, AQUELAS ALTERAÇÕES
OCORREM DE MODO AUTOMÁTICO.
A VERDADE É QUE O AMOR CURA.

BERNIE S. SIEGEL

BERNIE S. SIEGEL. "AMOR, MEDICINA
E MILAGRES". BEST SELLER.

Estou convencido de que o amor incondicional representa
o mais poderoso estimulante do sistema imunológico.
Se eu pedisse aos doentes que elevassem seus níveis de
imunoglobulina ou de células T, ninguém saberia o que
fazer. Mas, se puder orientá-los que amem a si mesmos
e aos outros de forma plena, aquelas alterações ocorrem
de modo automático. A verdade é que o amor cura.

BERNIE S. SIEGEL

ESSE TEXTO QUE VOCÊ ACABA DE LER NÃO FOI ESCRITO por um religioso ou um curioso em ciências. Seu autor é um médico renomado nos Estados Unidos, professor de Medicina, e uma das maiores autoridades no campo da medicina mente/corpo. O dr. Bernie Siegel faz uma afirmação estrondosa: o amor cura! Ele está convencido, com base em diversas pesquisas médicas e na sua própria experiência clínica, que a falta de afeição ou, então, o amor apenas condicional levam à exaustação e à depressão do sistema imunológico, que conduzem à vulnerabilidade física.

Isso não quer dizer que devemos pensar no amor apenas como uma estratégia de cura física, como alguém que toma um comprimido para dor de cabeça. O amor é a experiência sensorial mais incrível que alguém pode sentir em toda a existência, e todos nós fomos criados para o amor. Sem ele, a vida fica superficial, limitada, empobrecida, adoecida... Por isso, a enfermidade é um claro sintoma de que está faltando mais afeto em nossa vida, mais carinho, ternura, amizade, cuidado e atenção, expressões genuínas de amor.

Acredito que tais sentimentos evitem uma das piores sensações que deprimem o sistema imunológico: a sensação de desamparo. Sentir que ninguém se importa com você, nem você mesmo, é o ápice da fragilidade e o abismo do sistema imunológico. Quando a vida começa a desenhar esse gráfico, o sentido dela está ameaçado e a doença é o primeiro sinal de alarme que soa para que alguma providência seja tomada.

Sem prejuízo dos cuidados médicos necessários, o amor surge como a terapia capaz de inverter o gráfico da morte, quando ainda se tem vida para viver. Não apenas para curar a doença física, mas amar para se sentir bem, para tornar a existência digna de ser vivida, não importando por quanto tempo.

O conselho do médico Bernie Siegel é o mesmo que o Médico Jesus propôs há mais de dois mil anos: "Amem a si mesmos e aos outros de forma plena".[93] Vamos pensar um pouco nessa proposta. Em primeiro lugar, precisamos pensar no que é o amor. Embora possamos encontrar mil definições sobre o amor, eu vou ficar com aquela sugerida por Chico Xavier: "Quem ama verdadeiramente quer a felicidade da pessoa querida."[94] Então, amar é querer bem o outro, é um bem-querer, desejar que a felicidade não seja só minha, mas que o outro também seja feliz, e fazer o que estiver ao meu alcance para que isso aconteça.

Por que amar o outro me faz bem? Temos uma visão equivocada de que somos seres separados uns dos outros! Embora tenhamos a nossa individualidade, isso não quer dizer que somos seres isolados uns dos outros. Jesus trouxe a visão de que somos filhos do mesmo Pai; portanto, somos todos irmãos, ligados por laços espirituais. Somos galhos da mesma árvore, membros da mesma família. Não somos ilhas isoladas! Um irmão é uma parte de mim; assim, o que faço a ele, faço a mim, porque eu estou nele e ele está em mim!

---

93 "Amai-vos uns aos outros, como eu vos amei", isto é, de forma plena, incondicional.
94 Adelino da Silveira. *Kardec prossegue*. LEEPP.

Por tal razão, Jesus ensinou essa regra de ouro: "Tudo aquilo, portanto, que quereis que os homens vos façam, fazei-o vós a eles, pois esta é a Lei e os Profetas."[95] Quando, portanto, trabalho pela felicidade do próximo, eu também me sinto feliz, porque, de alguma forma, eu também sou um necessitado, carente, frágil, impotente em certas situações, e, quando ajudo alguém a superar as suas dificuldades, estou também me ajudando a superar as minhas. O amor que dou é o amor que sinto. A força que transmito é a força que me levanta. O sorriso que ofereço ao outro é o sorriso que me cura da tristeza. O pão que dou ao necessitado mata a minha fome de amor. O perdão que concedo ao agressor dissolve as minhas agressões.

Mas esse é só um lado da história, o lado do amor ao outro. O outro lado para completá-la é o amor que damos a nós mesmos. É preciso também amar o pobre que mora dentro de nós. Amiúde, esperamos que alguém o alimente. Nem sempre, porém, isso acontece. O mais indicado é que cada um dê amor a si mesmo, fazendo por si o que espera que o outro lhe faça. Contudo, não raro ficamos na espera do amor alheio, nada fazendo por nós mesmos. Surge, então, o estado de carência de afeto, de falta de apoio próprio, de autopreservação, de amor por si mesmo. Essas carências não atendidas

---

95 *Mateus* 7:12. *Bíblia de Jerusalém*. PAULUS.

se expressarão amanhã em forma de doenças físicas e emocionais.

O dr. Siegel afirma perceber em seus pacientes o quanto é difícil para a maioria aderir a um programa de tratamento que inclua tempo para cuidar de si mesmo, como exercícios e meditação. Por outro lado, ele afirma que os que se dão esse presente obtêm nítida melhora e até a cura de suas enfermidades. Vale a pena, então, se perguntar: "Como posso me fazer feliz?"; "Como posso cuidar melhor de mim, e que atitudes posso ter que me tragam mais alegria de viver?"; "Como posso me olhar no espelho e apreciar o que estou vendo, sem fazer críticas cruéis?"; "Como posso reconhecer minhas conquistas, me admirar pelas lutas que tenho enfrentado, pelas batalhas que tenho vencido?". Ora, se somos os responsáveis por nossa vida, por que não podemos nos estimular ao melhor que somos capazes de ser e fazer?

Sei que nem sempre encontramos um equilíbrio entre o amor ao próximo e o amor próprio. Em regra, ficamos nos extremos: ou amando os outros e esquecendo-nos de nós, ou amando a nós mesmos, ignorando os demais. Devemos construir um caminho fugindo dos extremos, pois, em qualquer deles, haverá desequilíbrio. Buda afirmou que saudável era o caminho do meio,[96] de

---

96 Disponível em: <https://pt.wikibooks.org/wiki/Budismo/ O_caminho_do_meio>. Acesso em: 16 jul. 2019.

sorte que não podemos esquecer de nenhum dos aspectos do amor. Jesus traz uma recomendação mais específica ao falar do imperativo de amar ao próximo como a si mesmo,[97] vale dizer, nada pode ficar excluído do amor. Se ficar, por certo, já não será mais amor…

A seguinte história que o próprio dr. Siegel narra poderá nos ajudar a encontrar esse caminho:

Ouvi o poeta Robert Bly contar uma história de três irmãos que saem para a floresta para rachar lenha. Toda manhã, um fica na cabana enquanto os outros dois vão trabalhar. Certo dia, aparece um anão na cabana e pede ao irmão mais velho, que está sozinho, que lhe dê de comer as sobras de sua refeição. O irmão concorda. O anão começa a comer, mas deixa o alimento cair e pede ao homem que o pegue. Quando este se abaixa, o anão bate-lhe na cabeça com uma clava. Na manhã seguinte, o irmão do meio fica sozinho na cabana e o anão aparece de novo, pede uma parte da refeição, deixa-a cair, pede ao jovem para pegá-la e bate-lhe na cabeça quando ele se abaixa. Na terceira manhã, o irmão mais novo fica lá e o anão aparece, pedindo para comer o que sobrara de sua refeição. "Sim", diz ele "tenho pão em cima da mesa. Sirva-se". Mas quando o anão o deixa cair e pede ao jovem que o pegue, ele exclama:

---

97   *Mateus 22:39.*

"Não, se você não consegue segurar seu próprio pão, não vai ter condições de sobreviver. Você o pega". E então o anão lhe agradece e pergunta-lhe se gostaria de saber onde estão a princesa e o tesouro.[98]

Nessa história, o irmão mais novo encontrou o equilíbrio: ofereceu comida ao anão, mas não assumiu a tarefa de servi-lo e de pegar a comida caída no chão. Deixou o anão crescer e, por isso, não tomou uma paulada na cabeça. Amou o próximo e a si mesmo, e os dois foram curados.

Então, está na hora de arrumarmos a cabana de nossa vida, não acha?

98   Bernie S. Siegel. *Paz, amor e cura*. SUMMUS.

O AMOR QUE DOU É
O AMOR QUE SINTO. A
FORÇA QUE TRANSMITO É
A FORÇA QUE ME LEVANTA.
O SORRISO QUE OFEREÇO
É O SORRISO QUE ME CURA
DA TRISTEZA. O PÃO QUE
DOU MATA A MINHA FOME
DE AMOR. O PERDÃO QUE
CONCEDO DISSOLVE AS
MINHAS AGRESSÕES.

OLHANDO-SE NO ESPELHO

★

NÃO ACUSE OS ESPÍRITOS DESENCARNADOS SOFREDORES, PELOS FRACASSOS NA LUTA. REPARE O RITMO DA PRÓPRIA VIDA, EXAMINE A RECEITA E A DESPESA, SUAS AÇÕES E REAÇÕES, SEUS MODOS E ATITUDES, SEUS COMPROMISSOS E DETERMINAÇÕES, E RECONHECERÁ QUE VOCÊ TEM A SITUAÇÃO QUE PROCURA E COLHE EXATAMENTE O QUE SEMEIA.

ANDRÉ LUIZ

FRANCISCO C. XAVIER, ANDRÉ LUIZ [ESPÍRITO]. "AGENDA CRISTÃ". FEB.

Não acuse os Espíritos desencarnados sofredores,
pelos fracassos na luta. Repare o ritmo da própria
vida, examine a receita e a despesa, suas ações e
reações, seus modos e atitudes, seus compromissos e
determinações, e reconhecerá que você tem a situação
que procura e colhe exatamente o que semeia.

ANDRÉ LUIZ

INDA QUE A INFLUÊNCIA ESPIRITUAL INFERIOR SEJA uma possibilidade concreta, conforme já analisamos neste livro (capítulo 21), nem sempre podemos creditar aos espíritos sofredores a responsabilidade pelos nossos fracassos. Essa é a afirmação que parte exatamente do Espírito André Luiz, pela mediunidade de Chico Xavier. Ele chama a nossa atenção para o fato de que nem todo o mal que nos ocorre é fruto de uma influência espiritual, e, sim, consequência das nossas próprias atitudes.

Incentivando o trabalho de autoconhecimento, André Luiz pede que reflitamos sobre possíveis condutas que temos tido, as quais podem explicar o nosso insucesso. São observações incômodas, confesso; porém, elas nos ajudarão a identificar e corrigir nossos pontos fracos.

REPARE O RITMO DA PRÓPRIA VIDA

O poeta Mário Quintana escreveu que são os passos que fazem os caminhos.[99] Portanto, sem caminhar, sem movimento, sem atitude, o homem estaciona, a vida para, a doença chega, a miséria toma conta.

Mas esse movimento precisa ser ordenado, isto é, precisa ter ordem, disciplina e cadência, assim como a música, cuja estrutura é formada por uma sequência de notas e, ao mesmo tempo, por um silêncio entre elas. Nosso ritmo de vida não pode, pois, ser tão acelerado, com excesso de atividades e compromissos, sem intervalos para descanso, lazer, leituras, cultivo da própria espiritualidade, convivência com a família e amigos, e até momentos sem qualquer tipo de obrigação, instantes de puro ócio. Sem essas pausas de refazimento, entramos num processo de estafa física e mental, sem que

---

99 Disponível em:<https://poetamarioquintana.blogspot.com/2008/03/caminho-mario-quintana.html>. Acesso em: 16 jul. 2019.

possamos acusar os espíritos sofredores pelo sofrimento que estamos causando a nós mesmos.

Outras vezes, no entanto, estamos num ritmo muito vagaroso, em regra procrastinando atitudes importantes para o nosso crescimento. Adiamos sempre para amanhã, para um momento mais favorável, para depois do Ano Novo, depois do Carnaval, da Páscoa, e logo chegam o Natal e novas protelações. Passamos o tempo todo fazendo planos, mas realizamos muito pouco, não somos perseverantes, deixamos que a preguiça e a fraqueza nos dominem. Aí, então, talvez acusemos os espíritos sofredores de estarem emperrando nossa vida…

EXAMINE A RECEITA E A DESPESA

Certa vez, fui procurado por uma senhora que reclamava de sua conta bancária sempre negativa, indagando-me se aquilo não poderia ser obra de espíritos das sombras… Eu disse a ela que nunca tinha visto um espírito desmaterializar dinheiro da nossa conta bancária e que, certamente, o saldo negativo era fruto do seu próprio espírito, que gastava mais do que podia. Você pode estar certo de que ela não gostou da minha explicação…

EXAMINE SUAS AÇÕES E REAÇÕES, SEUS MODOS E ATITUDES

Um amigo se queixava das várias multas de trânsito que estava recebendo por motivo de excesso de velocidade, as quais levaram à suspensão de sua habilitação. Inconformado, ele disse que deveria estar havendo algum "complô espiritual" para prejudicá-lo, fruto da inveja de inimigos. Não me contendo, perguntei se ele reconhecia a ocorrência das infrações. Bem encabulado, confessou que sim, admitiu que tinha dificuldades de se manter dentro dos limites de velocidade; era, porém, mais fácil terceirizar a responsabilidade para os espíritos...

Outras vezes, alegamos que nosso lar está em crise pela atuação de espíritos infelizes, que promovem a discórdia na família. Custa-nos enxergar, porém, que, no mais das vezes, a discórdia nasce da maneira como nos comportamos perante os familiares. Não raro, somos egoístas, queremos tudo do nosso jeito, não aceitamos as pessoas como são, usamos de palavras rudes, agressivas, e vivemos de mau humor dentro de casa. O local fica conturbado pelas energias negativas que nele despejamos e que podem, por reflexo do nosso comportamento, atrair mais perturbações espirituais para o ambiente familiar.

EXAMINE SEUS COMPROMISSOS
E DETERMINAÇÕES

Particularmente, quando olho para os meus fracassos ou frustrações, na grande maioria das vezes, vejo que a responsabilidade é toda minha, porque não fui fiel aos compromissos que tracei para mim, não fui tão determinado quanto era preciso, não dei o melhor que poderia ter dado.

Acabamos inventando uma série de desculpas para justificar nossos insucessos, sempre acusando alguém para disfarçar as verdadeiras causas que, no fundo, estão dentro de nós: a empresa em que trabalho não é boa, a escola é ruim, o professor me persegue, as pessoas têm inveja de mim, devo ter jogado pedra na cruz, fizeram algum trabalho de magia para mim, os espíritos inferiores me perseguem... Quando, na verdade, deveríamos dizer: não fui perseverante, intimidei-me com os desafios, não fui suficientemente forte para suportar as pressões, não me qualifiquei para a tarefa, não estudei o necessário para ser aprovado, não confiei em mim, não quis me empenhar o quanto era preciso, boicotei os meus sonhos...

TEMOS O QUE PROCURAMOS E COLHEMOS O QUE SEMEAMOS

Essa é a conclusão de André Luiz, a qual é uma chave que abre muitas portas em nossa vida, porque põe em nossas mãos a responsabilidade por nosso destino, sem creditar aos espíritos inferiores a responsabilidade por nossa infelicidade. Como elucidou Allan Kardec:

Cumpre, todavia, se não atribuam à ação dos Espíritos todas as contrariedades que se possam experimentar, as quais, não raro, decorrem da incúria ou da imprevidência.[100]

Resumindo: Muitos dos nossos problemas não resultam de interferências espirituais negativas, mas, sim, da nossa própria maneira de nos conduzirmos perante a vida. Não se desconsidera, porém, que nas situações aqui narradas, independentemente da nossa conduta, pode também coexistir uma interferência espiritual negativa. Mas ela nunca é a causa primeira das nossas dificuldades; apenas se soma a nós por uma questão de afinidade. Nossas tendências inferiores, além de representarem entraves ao nosso progresso, são também tomadas psíquicas por meio das quais os espíritos inferiores se ligam a

---

100   Allan Kardec. *O livro dos médiuns.* FEB.

nós, aumentando a carga das nossas aflições, ampliando sentimentos negativos que já cultivamos.

O grande desafio para nós é assumir a responsabilidade por tudo o que acontece em nossa vida, mesmo que, em certas situações, não sejamos o causador direto do problema. Não importa muito encontrar o culpado; adianta, sim, encontrar o responsável, vale dizer, aquele que assumirá a situação e tomará as atitudes necessárias para que o problema seja resolvido.

E, sinceramente, eu não consigo encontrar pessoa mais indicada para isso do que aquela que vemos quando nos olhamos no espelho.

NÃO IMPORTA MUITO
ENCONTRAR O CULPADO;
ADIANTA, SIM, ENCONTRAR
O RESPONSÁVEL, AQUELE
QUE ASSUMIRÁ A SITUAÇÃO
E TOMARÁ AS ATITUDES
NECESSÁRIAS PARA QUE O
PROBLEMA SEJA RESOLVIDO.
A PESSOA MAIS INDICADA
PARA ISSO É AQUELA QUE
VEMOS QUANDO NOS
OLHAMOS NO ESPELHO.

NOSSA
MAIOR MISSÃO
★

JÁ NÃO É SOMENTE DE DESENVOLVER
A INTELIGÊNCIA O DE QUE OS
HOMENS NECESSITAM, MAS DE
ELEVAR O SENTIMENTO E, PARA
ISSO, FAZ-SE PRECISO DESTRUIR
TUDO O QUE SUPEREXCITE NELES
O EGOÍSMO E O ORGULHO.

ALLAN KARDEC

ALLAN KARDEC. "A GÊNESE".
TRADUÇÃO DE GUILLON RIBEIRO. FEB.

Já não é somente de desenvolver a inteligência
o de que os homens necessitam, mas de elevar o
sentimento e, para isso, faz-se preciso destruir tudo
o que superexcite neles o egoísmo e o orgulho.

ALLAN KARDEC

LEVAÇÃO DOS SENTIMENTOS – EIS O TRABALHO INTE-
rior de que os homens devem se ocupar para a
conquista do bem-estar íntimo e coletivo. A humanidade tem feito conquistas importantes no campo
das ciências, de benefícios inegáveis. Porém, do ponto
de vista afetivo, o homem ainda vive quase que encapsu-
lado pelo orgulho e pelo egoísmo.

Isso explica algumas coisas que atestam a infelicidade em nossa vida individual e planetária: fome, miséria, guerras, preconceitos, corrupção, crimes, trapaças,
devastação da natureza, violência, indiferença social,
doenças, maledicência, intrigas, inveja, abandono, maus
tratos... Tais ocorrências não se dão apenas no âmbito

dos gabinetes políticos. Ocorrem diariamente, nas vias públicas, nas escolas, nos lares, no trabalho e, até, no meio religioso. Como afirmou o filósofo inglês Thomas Hobbes, o homem é (tem sido) lobo do próprio homem, e isso ocorre pela falsa ideia que alimenta a respeito de sua superioridade (orgulho) e de sua exclusividade (egoísmo).

Enquanto permanecermos nesse nível de consciência ainda infantil, limitado, separatista, competitivo, predatório, bélico e individualista, viveremos uma guerra constante. Ferimos e somos feridos, relacionamentos fraternos se tornam muitas vezes palco de conflitos, o familiar se torna inimigo, o lar se transforma num ringue de discórdias, regras elementares da boa convivência são ignoradas, direitos são ferozmente defendidos sem que a contrapartida das obrigações seja também observada.

Armas nucleares, guerras químicas, natureza devastada por interesses econômicos, preconceitos de toda ordem, pessoas passando fome e morrendo de doenças perfeitamente tratáveis. Mortes no trânsito, corrupção na política, epidemia de consumo de drogas, remédios falsificados, abuso sexual de crianças, violência contra as mulheres… Esses são apenas alguns exemplos de que estamos sendo dirigidos mais pelos nossos instintos inferiores do que pelos nossos sentimentos superiores.

É por isso que chegou o inadiável momento de uma grande revolução na Terra! Não a revolução das armas,

mas aquela que acontece no íntimo de cada um, por meio da amorosidade. Para tanto, como temos insistido neste livro, precisamos sair dessa condição individualista, unilateral, polarizada, fria e calculista ("eu inferior"), a qual não nos permite enxergar o outro, ter interesse por ele, sentir a dor que ele sente e respeitá-lo como o ser humano que é.

A transformação nossa – e, por conseguinte, da Terra – começa pela compaixão, virtude capaz de provocar calor humano e nos ligar uns aos outros pela vulnerabilidade da nossa condição humana. O filósofo André Comte-Sponville define:

> *A compaixão é o contrário da crueldade que se regozija com o sofrimento do outro, e do egoísmo que não se preocupa com ele.*[101]

Ela é a virtude do coração, portanto, do "eu superior", a qual se importa com o outro, com o seu sofrimento, pois todos somos frutos da mesma árvore – a árvore da vida, e, se não cuidarmos dessa árvore, todos padeceremos as consequências, como tem ocorrido.

---

101 André Comte-Sponville. *Pequeno tratado das grandes virtudes*. MARTINS FONTES.

Jesus teve compaixão da multidão sofredora. A dor de cada um o constrangia. Foi por isso que ele, compadecido, foi capaz de amar quando enxugou lágrimas, consolou aflitos, curou enfermos, alimentou famintos, amparou equivocados. Para Jesus, irmão não é somente aquele pertencente à nossa família biológica; é todo ser criado por Deus, e a nossa felicidade está radicalmente ligada à percepção dessa realidade e de quanto somos capazes de nos compadecer com o sofrimento do outro, fazendo o que for possível para aliviar o fardo de cada um.

O Dalai Lama, líder mundial do Budismo, afirma:

Acredito sinceramente que a compaixão proporciona a base para a sobrevivência humana, o verdadeiro valor da vida humana, e que, sem ela, falta uma peça essencial.[102]

Eu ousaria complementar: sem compaixão, não conseguiremos jamais nos relacionar positivamente com qualquer pessoa. E, aí, o que será de nós? O que fazer com toda riqueza, todo poder e toda beleza, se a felicidade genuína vem do que somos, e não do que temos, e o que temos sem compaixão é nada?

---

102   Dalai Lama, Howard C. Cutler. *A arte da felicidade.* MARTINS FONTES.

Nesse contexto, Jesus trouxe uma nova era para a humanidade, a era dos sentimentos superiores, um nível de consciência expandida, de tal modo que, à medida que nos abrimos para ela, vamos deixando de ser egoístas, individualistas e embrutecidos: menos egolatria e mais amor, menos orgulho e mais humildade! O egoísmo separa; o amor une. O orgulho rebaixa o outro; a humildade nivela. O egoísmo é carência; o amor é abundância. O orgulho grita; a humildade sussurra. O egoísmo diminui; o amor soma. O orgulho afasta; a humildade acolhe. O egoísmo destrói; o amor edifica. O orgulho adoece; a humildade cura. O egoísmo condena; o amor compreende. O orgulho é insaciável; a humildade é contentamento. O egoísmo é individualismo; o amor é família. O orgulho é guerra; a humildade é paz.

Nossa revolução é a do coração, aquela que nos leva para o alto, por meio da elevação dos nossos sentimentos. Como esclarece o psicólogo Viktor D. Salis,

[...] *voar para o alto não significa lutar para provar que somos melhores do que os outros – isto é tolo, vão, e somente nos rebaixa. Voar para o alto muito menos significa conquistar cada vez mais bens materiais – não custa lembrar que tudo ficará aqui. Voar para o alto é saber nos bastar e buscar a única coisa que levamos para a eternidade: a sabedoria e a espiritualidade ou, como diziam os antigos, a nobreza, a beleza e a bondade.*[103]

A elevação dos sentimentos é uma experiência que começa dentro de nós. Ser é sentir; é a sensação da alma que se expande, quando deixamos o amor envolver a nossa vida, cuidando de nós e oferecendo o ombro generoso a quem sofre. Em meio a tantos desencontros, solidão, competição, conflitos e guerras de toda ordem, escutemos a voz de Jesus nos convidando a sermos os compassivos, os mansos, que amam, que perdoam, que promovem a paz, que são humildes, que são justos e misericordiosos, pois eles entrarão no "Reino dos Céus", que nada mais é do que um estado da alma feliz, que aprendeu a elevar os seus sentimentos.

Acredito que viemos a este mundo, ainda tão carente, exatamente para cultivar a nobreza, a beleza e a bondade. Eis a missão mais importante da nossa vida!

103   Viktor D. Salis. *Mitologia viva: aprendendo com os deuses a arte de viver e amar.* NOVA ALEXANDRIA.

A ELEVAÇÃO DOS SENTIMENTOS É UMA EXPERIÊNCIA QUE COMEÇA DENTRO DE NÓS. SER É SENTIR; É A SENSAÇÃO DA ALMA QUE SE EXPANDE, QUANDO DEIXAMOS O AMOR ENVOLVER A NOSSA VIDA, CUIDANDO DE NÓS

E OFERECENDO O OMBRO
GENEROSO A QUEM SOFRE.
VIEMOS A ESTE MUNDO,
AINDA TÃO CARENTE,
EXATAMENTE PARA
CULTIVAR A NOBREZA, A
BELEZA E A BONDADE. EIS A
MISSÃO MAIS IMPORTANTE
DA NOSSA VIDA!

NO TOPO
DA MONTANHA
★

O QUE É MEU INIMIGO? EU MESMO.
MINHA IGNORÂNCIA, MEU APEGO, MEUS
ÓDIOS. AÍ ESTÁ O MEU INIMIGO.
DALAI LAMA

DISPONÍVEL EM: <HTTPS://WWW.PENSADOR.COM/
FRASE/MTQ5ODgyOQ/> ACESSO EM: 16 JUL. 2019.

O que é meu inimigo? Eu mesmo. Minha ignorância,
meu apego, meus ódios. Aí está o meu inimigo.

DALAI LAMA

DIANTE DE ALGUÉM QUE PODE NOS CAUSAR ALGUM mal, tomamos as cautelas e providências que garantam a nossa segurança. Quanto mais conhecido o adversário, mais facilidade temos de lidar com ele. Quanto mais oculto, porém, poucas são as chances de evitá-lo.

O Dalai Lama, um dos maiores líderes mundiais do Budismo, como já mencionado neste livro, vem nos apresentar um inimigo que raras vezes é notado: aquele que mora dentro de nós! Ele dorme e acorda conosco, passa as horas do dia ao nosso lado, sem que o percebamos, na maioria das vezes. Sendo por nós desconhecido, ele se torna um adversário perigoso e capaz de criar muitas dificuldades em nosso caminho. Geralmente, procuramos nossos inimigos fora de nós, esquecidos, todavia, de que o mais temível adversário somos nós mesmos!

No mais das vezes, o inimigo interior é o grande responsável por nossos problemas; todavia, nossa reação é a de culparmos terceiros, na tentativa de nos esquivarmos de qualquer responsabilidade pelo que nos ocorre. É preciso, porém, virar o espelho para o nosso interior, sem o propósito de assumirmos, pura e simplesmente, a culpa pelo mal que estamos sofrendo, padecendo inertes das angústias de um martírio que em nada modifica a situação aflitiva. O objetivo é assumirmos a responsabilidade pelo que nos acontece, não para nos torturarmos, mas para transformarmos o que não vai bem. Isso é uma característica marcante das pessoas felizes: elas são maduras, assumem responsabilidades por seus atos, pois já abandonaram a postura infantil de culpar o mundo pelos seus problemas.

O Dalai Lama afirma que nosso inimigo interior tem três faces: a ignorância, o apego e os ódios. Vamos refletir sobre isso, você me acompanha?

MINHA IGNORÂNCIA

Ela é uma terrível adversária. Obsta a capacidade de compreensão do mundo, das pessoas e de mim mesmo, e, portanto, de agir com o possível acerto no momento em que devo fazer escolhas, tomar atitudes. Amiúde, a ignorância, aqui entendida como o desconhecimento da verdade, em qualquer esfera, é pouquíssimas vezes percebida por nós, na medida em que, por conta do orgulho, temos a convicção de que possuímos todos os saberes e habilidades para lidarmos com as mais diversas situações de vida. Enquanto isso, os verdadeiros sábios afirmam saber que nada sabem...

Por mais que tenhamos adquirido algum conhecimento em qualquer área do saber, o que desconhecemos é ainda infinitamente maior do que aquilo que a nossa mente foi capaz de perceber até o momento. Os conhecimentos que eu adquiri na faculdade de Direito, há mais de trinta anos, não me são suficientes, hoje, para lidar com os conflitos jurídicos cada vez mais complexos. Todos os dias eu preciso reconhecer a minha parcela de ignorância para enfrentar diversas questões que me são submetidas para decisão e estudar mais e mais para solucioná-las. É preciso uma dose diária de humildade para aceitar nosso desconhecimento sobre muitas coisas e esforço para diminuir a nossa quase cegueira...

A ignorância não se restringe ao desconhecimento intelectual. Avança também pelo território das emoções e dos sentimentos, nossos e dos outros. Somos ignorantes de nós mesmos, isto é, pouco nos conhecemos, quase nada sabemos do que se passa em nosso templo interior, carregamos um tesouro que nos é desconhecido, ao mesmo tempo em que pisamos na lama sem o saber.

Essa ignorância de nós mesmos é muito prejudicial, porque não nos permite identificar nossos potenciais nem nossas fragilidades. Desconhecemos tanto a nossa luz quanto a nossa sombra. E perdemos muito com isso. Ficamos empobrecidos pela dificuldade de reconhecer quantas coisas boas trazemos dentro de nós, nos afundando, inutilmente, nos complexos da baixa autoestima. Ao mesmo tempo, pelo desconhecimento de nós mesmos, não conseguimos perceber que os problemas que nos atingem, na maior parte das vezes, estão relacionados ao nosso modo disfuncional de pensar, sentir e agir.

Esclarece Allan Kardec:

O homem é, assim, num grande número de casos, o autor de seus próprios infortúnios. Mas, em vez de reconhecê-lo, acha mais simples, e menos humilhante para a sua vaidade, acusar a sorte, a Providência, a falta de oportunidade, sua má estrela, enquanto, na verdade, sua má estrela é a sua própria incúria.[104]

---

104 Allan Kardec. *O Evangelho segundo o Espiritismo*. Tradução de J. Herculano Pires. FEESP. [cap. v, item 4]

Por isso, temos defendido tantas vezes neste livro a necessidade do autoconhecimento. Nenhum progresso verdadeiro conseguiremos fazer sem esse olhar para dentro, sem essa reflexão sobre nós mesmos, sem essa percepção do que somos, do que sentimos e do que estamos fazendo da nossa vida. Esse trabalho interior tem uma finalidade poderosa: ampliar o nível da nossa consciência, única via capaz de nos permitir as condições para as atitudes transformadoras!

Quando ampliamos o grau de consciência, o efeito é o mesmo que se dá quando escalamos a montanha: quanto mais subimos, mais se amplia a visão que temos da área ao nosso redor. Somos capazes de ver coisas que, ao pé da montanha, não éramos capazes de enxergar. No topo da montanha, podemos enxergar, por exemplo, uma situação de perigo ou um caminho melhor, que, antes, não éramos capazes de ver.

Sem o autoconhecimento, permaneceremos no mesmo nível de consciência em que o problema foi gerado, ou seja, no pé da montanha, e isso indica remota possibilidade de transformação, pois não enxergaremos os perigos e as saídas à nossa frente. (Procure ler ou retomar os capítulos 12 e 13 a respeito da importância e da prática do autoconhecimento.)

MEUS APEGOS

O dicionário *Aurélio* define "apego" como a afeição acentuada por alguém ou por algo.[105] Essa afeição demasiada é que acaba caracterizando o apego como um aspecto interior que carece de ser visto e revisto. Ter afeto por alguém ou por algo é saudável, faz bem. A dificuldade está na afeição exagerada, aquela que fatalmente nos leva a uma sensação de posse sobre o objeto da nossa querência. A partir daí, o afeto já deixa de ser um bem para nós e para o outro de quem dizemos gostar. Quando colocamos a gaiola, o amor desaparece. Vem a possessividade, acaba a alegria. O amor precisa de espaço para crescer, assim como a sinfonia precisa do espaço entre as notas que a compõem…

São preciosos os conselhos de Gibran:

Amai-vos um ao outro, mas não façais do amor um grilhão:

Que haja antes um mar ondulado entre as praias de vossas almas.

Enchei a taça um do outro, mas não bebeis na mesma taça.

Dai de vosso pão um ao outro, mas não comais do mesmo pedaço.

---

105 Aurélio Buarque de Holanda Ferreira. *Minidicionário Aurélio*. POSITIVO.

Cantai e dançai juntos, e sede alegres, mas deixai cada um de vós estar sozinhos.

Assim como as cordas da lira são separadas e, no entanto, vibram na mesma harmonia.[106]

Viver sem apego é viver em harmonia com as leis espirituais da vida. Tudo é transitório, cada pessoa tem uma individualidade própria e em constante processo de mudança. Nada é estático; tudo é movimento contínuo e eterno. Precisamos aprender a apreciar mais as pessoas e as coisas enquanto elas estão ao nosso lado, sem o desejo de possuí-las como se fossem propriedades nossas. Aqui, existe um paradoxo interessante: tudo aquilo a que eu me apego, perco; tudo o que liberto, recebo. Essa consciência ampliada nos possibilita um desfrute mais harmonioso, sem o sofrimento resultante do apego.

E, quando o apego for detectado, é preciso olhar para dentro e verificar o que está faltando em mim, o que não estou me dando, e, por isso mesmo, estou buscando num objeto ou numa pessoa, justamente para preencher minhas carências. Isso, decididamente, não é saudável, porque gera dependência, e toda dependência acarreta dor.

---

106 Gibran Khalil Gibran. *O profeta*. Tradução de Mansour Challita.

MEUS ÓDIOS

Cultivar o ódio é andar contrariamente ao fluxo do movimento de paz criado por Deus. Eu posso ter razões para odiar uma pessoa, mas não me convém me tornar uma pessoa que tenha aversão por outra. Isso não fará bem a mim, deixará meu coração pesado, minha emoção abalada, minha saúde afetada, minhas energias vibrando em baixa frequência. E, dessa forma, me tornarei, provavelmente, agressivo, mal-humorado, irritado, doente e absorverei energias iguais àquelas que eu estou emanando com minha ira.

Não dá para pensar em uma vida feliz, saudável e próspera, com o ódio incendiando o nosso coração! Nesse caso, quem, de fato, é o nosso inimigo? Quem está adoecendo o nosso corpo com a nutrição de emoções perturbadoras? Quem está se envolvendo com energias de baixa vibração? Quem está se desgastando com o mal? Quem está se colocando em contato com espíritos que transitam na mesma faixa do ódio?

É mais sensato canalizar essa forte energia para tomar atitudes que requeiram firmeza e determinação; nunca para agredir o outro, mas para romper com situações nas quais somos machucados, aprisionados, feridos em nossa dignidade... Não adianta ficarmos com ódio de alguém, pois isso não muda a situação dolorosa, mas podemos transmutar essa força de agressividade em impulso positivo para retirarmos os espinhos que nos fazem sofrer. (Sugerimos a leitura ou a releitura do capítulo 14 sobre como lidar com a nossa sombra.)

Quando Jesus expulsa os comerciantes do templo,[107] ele não se vale de palavras açucaradas para convencer os vendilhões a pararem com o comércio da fé. Ele não é agressivo com as pessoas, mas firme, seguro e enérgico, no sentido de não pactuar com aquela situação. Tenho certeza de que Jesus não deixou de amar os comerciantes, mas foi claro e assertivo ao manifestar sua discordância com aquela prática abominável.

Bem, sei que você deve ter tido muita coragem para chegar até o fim deste capítulo. Mas terá a sua recompensa: você subiu no topo da montanha e descobriu quem está sabotando a sua felicidade. Daqui para a frente, sua vida pode ser bem melhor.

E você já sabe como!

---

107 *João* 2:13–17.

O DALAI LAMA AFIRMA QUE NOSSO INIMIGO INTERIOR TEM TRÊS FACES: A IGNORÂNCIA, O APEGO E OS ÓDIOS. VOCÊ DESCOBRIU QUEM ESTÁ SABOTANDO A SUA FELICIDADE. DAQUI PARA A FRENTE, SUA VIDA PODE SER BEM MELHOR.
E VOCÊ JÁ SABE COMO!

DENTRO DE MIM

★

QUANDO AS ÁGUAS TURVAS DE TUA MENTE SE ACALMAREM, QUANDO AS NUVENS NÃO TE IMPRIMIREM MAIS DÚVIDAS DE QUE TEU SOL EXISTE, QUANTO TEU OLHAR EXPRESSAR APENAS A TUA INFINITA TERNURA, QUANDO O TEU INCONSCIENTE ESTIVER TRANSPARENTE PARA A TUA AGUÇADA OBSERVAÇÃO, QUANDO NÃO HOUVER NENHUM OUTRO MAESTRO A REGER TEU COMPORTAMENTO A NÃO SER VOCÊ, QUANDO CADA GESTO DE TEU CORPO FOR VEÍCULO DO TEU ACOLHEDOR AFETO, ENTÃO PODERÁS DIZER: EU SOU EU.

ARLY CRAVO

ARLY CRAVO. "SOMOS MAIS INTERESSANTES DO QUE IMAGINAMOS", VOL. 2. CLUBE DE AUTORES.

*Quando as águas turvas de tua mente se acalmarem,
quando as nuvens não te imprimirem mais dúvidas de
que teu sol existe, quanto teu olhar expressar apenas a
tua infinita ternura, quando o teu inconsciente estiver
transparente para a tua aguçada observação, quando não
houver nenhum outro maestro a reger teu comportamento
a não ser você, quando cada gesto de teu corpo for veículo
do teu acolhedor afeto, então poderás dizer: eu sou eu.*

ARLY CRAVO

CONTA-SE QUE, CERTA NOITE, NA CIDADE DE CRACÓvia, o rabino Isaque sonhou que havia um valioso tesouro debaixo da ponte que conduzia ao palácio real na longínqua cidade de Praga. No início, ele não levou o sonho muito a sério, mas, como este se repetiu diversas vezes, ele decidiu ir à procura do tesouro. Criou coragem e preparou-se para a viagem.

Após vários meses de caminhada, sofrimentos e riscos, por fim ele encontrou a cidade e a ponte com as quais sonhara. Porém, ficou consternado ao descobrir que soldados vigiavam a ponte dia e noite. A única coisa que podia fazer era contemplá-la a certa distância.

No entanto, ao vê-lo ali todos os dias, o capitão da guarda se aproximou para saber o motivo daquele comportamento. Embora constrangido, o rabino Isaque contou-lhe toda a verdade, porque lhe agradou o bom caráter daquele cristão.

O capitão deu uma enorme gargalhada e lhe disse: "Céus! Você é um rabino e leva os sonhos tão a sério? Se eu fizesse o mesmo, agora estaria dando voltas pela Polônia, pois, há algumas noites, tive um sonho que se repetiu várias vezes. Uma voz me dizia que fosse a Cracóvia e procurasse um tesouro no canto da cozinha de um tal Isaque, filho de Ezequiel. Imagine se não seria uma estupidez ir procurá-lo, quando metade dos homens daquela cidade se chama Isaque e a outra metade, Ezequiel?".

O rabino ficou atônito, agradeceu ao capitão pelo conselho e voltou às pressas para casa. Ao chegar, cavou no canto da cozinha e ali encontrou um tesouro tão abundante que viveu tranquilamente o resto dos seus dias.[108]

Ao refletir sobre essa história, eu me pergunto: quantas vezes temos agido como o rabino Isaque, procurando um tesouro longe de nós mesmos? A felicidade parece que nunca está conosco, é sempre algo distante e, muitas vezes, difícil de encontrar, como era o tesouro que o rabino procurava em Praga. Da mesma forma, o

---

108   Paco, s.j. *99 parábolas*. LOYOLA.

tesouro do capitão não estava em Praga, mas em Cracóvia, onde morava Isaque. Como escreveu o poeta Vicente de Carvalho, a felicidade é difícil de encontrar, porque ela existe apenas onde a pomos, e raramente a pomos onde nós estamos.[109]

Nós distanciamos a felicidade de onde nos encontramos, e sempre a procuramos onde não estamos. E fazemos isso não apenas com os ambientes e as pessoas com que convivemos, mas também, e principalmente, com a pessoa que somos. Provavelmente, esse distanciamento de nós mesmos começou lá na infância, com a percepção da ausência de afeto, prática de abusos ou negligência por parte dos cuidadores, o que nos levou a crer que não éramos bons o bastante. Então, para sobreviver, fomos nos tornando outra pessoa, com o objetivo de agradar àqueles que cuidavam de nós.

A falta de afeto pode ter criado a dolorosa sensação de rejeição, e, ao buscarmos ser outro alguém, no afã desesperado de nos sentirmos queridos, perdemos o contanto com a nossa essência e acabamos criando um falso "eu", dissociado de nós mesmos. Perdemos o referencial interno, e passamos a viver de acordo com o referencial dos outros, desconectados de nós mesmos. Quando isso acontece, deixamos de ser inteiros, pois

109 Disponível em: <https://www.pensador.com/frase/NTQ5N DUo/>. Acesso em: 16 jul. 2019.

nos fatiamos em pedaços disformes que se destinam a agradar os outros. Creio que a cura seja um processo que deve nos levar à individuação,[110] ou seja, à originalidade de nós mesmos, à nossa inteireza. Isso levaria, inclusive, à cura de muitas enfermidades.

Se tal situação não for percebida e tratada até a juventude, entraremos na vida adulta com a autoestima em frangalhos e, forçosamente, manteremos as máscaras para sobreviver, engolindo todos os "sapos" para não desagradar aos outros, ainda que isso nos machuque profundamente; guiando-nos apenas por aquilo que os outros pensam, pouco importando a nossa opinião; satisfazendo, tão somente, as necessidades alheias, jamais as nossas. Para receber amor, muitas vezes, violentamos nossa alma, temendo que a rejeição da infância se repita, dolorosamente.

Somos "bonzinhos" demais para com os outros, com o propósito de obter amor em troca, o que, geralmente, nunca acontece, pois ninguém é considerado se, antes, não considera a si mesmo. Tudo isso nos levará constantemente a procurar tesouros fora de nós mesmos, esquecidos da riqueza que somos e que escondemos de nós!

---

110 A individuação é um dos fundamentos da psicologia profunda de Carl Gustav Jung.

Como dissemos no capítulo 16 (sugerimos a leitura), é preciso curar a criança que chora dentro de nós. Suas lágrimas ainda correm por nossos rostos amedrontados, por nossos olhos vazios de encontro, por nosso corpo carente de afeto, por nossa alma precisada de aceitação e amor. Curar é cuidar! A pessoa enferma precisa de cuidados. E a pessoa mais indicada para cuidar de nós somos nós mesmos.

Afinal, quem estará conosco o tempo todo e por toda a eternidade? Com quem poderemos contar na hora da dor e da alegria, do fracasso e da vitória, do erro e do acerto, senão conosco? Quem poderá nos estender a mão quando estivermos caídos? Quem nos dirá alguma boa palavra quando estivermos nos sentindo a pior pessoa do mundo? Quem poderá nos fazer rir quando o mundo nos fizer chorar?

Acredito que, eventualmente, algum amigo ou familiar possa nos apoiar. Mas não temos garantia disso, pois o outro também tem as suas crises e limitações. Somos a única pessoa que está disponível para nós o tempo todo. Mas como vivemos longe de nós!

Então, aproxime-se dessa criança interior, fique perto dela, e, assim, ficará perto de você. Aceite-se como você é, sabendo que há espaço bastante para crescer. Aprecie a própria companhia! Procure escutar os próprios sentimentos e atendê-los tanto quanto lhe for possível. Não queira ser outra pessoa que não você! Ninguém pode ocupar o seu espaço, porque você tem uma originalidade intransferível e inimitável. Tomando emprestadas as palavras de Jesus, você é o seu caminho, a sua verdade e a sua vida.[111] Portanto, não viva longe do seu caminho, não fuja da sua verdade, não viva a vida dos outros!

Nossa iluminação espiritual não é uma viagem para fora; é um olhar para dentro. É a autodescoberta de quem somos, não apenas das nossas imperfeições momentâneas, mas, sobretudo, da nossa essência divina, do ser imortal, da centelha de luz, do amor em nós! Quando chegamos ao âmago de nós mesmos, somos inundados pela presença do divino, e, aí, já não sentimos mais carências, já não temos mais buracos, pois o amor nos leva à plenitude! E, assim, nossas relações com os outros também são tocadas por essa onda de luz que surge da nossa fonte interior.

Em termos práticos, lembre-se sempre de que a viagem é para dentro. Ore, medite, faça mais silêncio, aquiete a sua mente, sinta sua respiração, contemple sua riqueza interior, cuide de suas feridas, seja uma boa companhia para si mesmo, leve-se para passear, admire as belezas da vida, sinta-se parte integrante da natureza divina, varra o lixo que entrou em sua casa interior, recicle-se, areje as ideias, pratique o bom-humor, aventure-se e não se compare a ninguém...

---

111 *João* 14:6.

Ah, já ia me esquecendo de uma coisa: dê um desconto à incompletude da vida, das pessoas e de você mesmo. Pratique tolerância e paciência, diariamente. Chore quando tiver que chorar, mas, depois, enxugue as lágrimas, siga adiante e não olhe mais para trás, porque a vida é um rio que corre para o mar.

Eu não acredito em nenhum processo de transformação de vida que não comece de dentro para fora. Talvez você esteja se perguntando: "Onde encontro tudo isso?". Eu respondo: Dentro de você, no canto da sua cozinha...

NOSSA ILUMINAÇÃO ESPIRITUAL NÃO É UMA VIAGEM PARA FORA; É UM OLHAR PARA DENTRO. É A AUTODESCOBERTA DE QUEM SOMOS, NÃO APENAS DAS NOSSAS IMPERFEIÇÕES MOMENTÂNEAS, MAS, SOBRETUDO, DA NOSSA ESSÊNCIA DIVINA, DO SER IMORTAL, DA CENTELHA DE LUZ, DO AMOR EM NÓS!

RAIO
DE LUZ
★

HÁ MUITA GENTE QUE TE IGNORA.
ENTRETANTO, DEUS TE CONHECE.
COMPANHEIROS EXISTEM QUE TE
REPROVAM. MAS DEUS TE ABENÇOA.
SURGE QUEM TE APEDREJE. DEUS, NO
ENTANTO, TE ABRAÇA. APARECE QUEM
TE ABANDONA. ENTRETANTO, DEUS
TE RECOLHE. HÁ QUEM TE FIRA. NO
ENTANTO, DEUS TE RESTAURA. SEJA
QUAL FOR A DIFICULDADE, FAZE
O BEM E ENTREGA-TE A DEUS.

EMMANUEL

FRANCISCO C. XAVIER, EMMANUEL
[ESPÍRITO]. "COMPANHEIRO". IDE.

Há muita gente que te ignora. Entretanto, Deus te conhece. Companheiros existem que te reprovam. Mas Deus te abençoa. Surge quem te apedreje. Deus, no entanto, te abraça. Aparece quem te abandona. Entretanto, Deus te recolhe. Há quem te fira. No entanto, Deus te restaura. Seja qual for a dificuldade, faze o bem e entrega-te a Deus.

EMMANUEL

EM VÁRIOS MOMENTOS DA VIDA, ACABAMOS SOFRENDO por algum tipo de conduta inesperada que as pessoas têm para conosco, sobretudo aquelas mais próximas a nós. Esperávamos receber apoio, e fomos abandonados. Queríamos uma palavra de consolo, e o silêncio se fez nossa companhia. Precisávamos de um incentivo, e a reprovação foi a resposta que minou nossas forças. Ansiávamos por ouvir uma palavra de esperança, e o pessimismo foi jogado em nossa cara. Há momentos em que sentimos que o mundo fechou todas as portas para nós.

Quando isso acontece (e acontece muitas vezes), ficamos como aquele navegante perdido em alto mar, sem bússola para voltar a terra firme. A mensagem espiritual que reproduzimos no começo deste capítulo, recebida por Chico Xavier, é a bússola que nos orienta a atitude quando nos sentimos desamparados pela agressividade, frieza, crítica e insensibilidade dos outros. E essa bússola tem o nome de Deus! Não de um Deus que está longe de nós, mas daquele Deus que habita as nossas entranhas mais secretas!

Gostaria que você me acompanhasse na reflexão sobre as orientações espirituais de Emmanuel:

Há muita gente que te ignora. Entretanto, Deus te conhece.

Nem sempre seremos notados, valorizados. Algumas vezes, aliás, seremos completamente ignorados. Mas que isso não nos torne uma pessoa complexada, que se sente inferiorizada pela falta de consideração dos outros. O remédio espiritual para esses momentos é lembrar que, se os homens me ignoram, Deus me conhece! Deus sabe quem sou! Deus sabe que existo e do que sou capaz!

Para que esse remédio faça efeito, porém, é preciso que eu também me conheça. É preciso que eu não me ignore! Que eu não me trate do mesmo jeito que os outros me tratam. Deus sabe que você é capaz de grandes feitos, mas será que você conhece seus potenciais e acredita neles? Deus conhece a sua individualidade, mas você acredita que é um ser único e original, portanto, dotado de características únicas e imprescindíveis na vida social? De que adiantaria Deus o conhecer se você é um desconhecido para si mesmo?

Quando eu descubro em mim aquilo que Deus já sabe desde a minha criação, nenhum desprezo do mundo é capaz de me abalar!

Companheiros existem que te reprovam. Mas Deus te abençoa. Surge quem te apedreje. Deus, no entanto, te abraça.

A reprovação que vem do outro pode, muitas vezes, me machucar, afetar a minha autoestima, fazendo com que a imagem que faço de mim estremeça; perco a autoconfiança. Quando isso acorrer, a proposta de Emmanuel é lembrar que, se alguém está atirando pedras em mim, Deus está me abençoando. Isso não quer dizer que Deus esteja aprovando meus erros. Mas também não está fazendo coro com os que me apedrejam. Como um pai amoroso, Ele está me abençoando, dizendo algo assim: "Ei, você não se saiu bem dessa vez, mas levante-se e tente outra vez, você é capaz de fazer melhor; estarei aqui, torcendo por meu filho!"

Aparece quem te abandona. Entretanto, Deus te recolhe.
Há quem te fira. No entanto, Deus te restaura.

Você já deve ter vivido momentos em que se sentiu abandonado por seus melhores amigos ou familiares. Ninguém por perto, nenhum abraço, nenhum colo, nenhuma saída. Sensação de total desamparo. Ouvi uma história em que São Francisco de Assis viveu um momento assim. Ele peregrinava pelos bosques e florestas numa noite de muito frio. Estava acompanhado de um jovem noviço. Como começou a nevar fortemente, eles decidiram procurar abrigo no convento. Andaram por algumas horas debaixo da tempestade, ficaram encharcados. Bateram à porta do convento e, dadas as condições em que se encontravam, foram confundidos com vagabundos maltrapilhos e impedidos de entrar.

Do lado de fora, enquanto o noviço chorava de medo de morrer congelado, Francisco de Assis cantava e brincava com os flocos de neve. Inconformado, o jovem perguntou: "Pai Francisco, como é que o senhor consegue ficar alegre nessa hora tão grave?". Com um sorriso largo, ele respondeu: "Meu irmão, eu esperei tanto por esse momento: o momento de ser totalmente dependente Deus!". E o noviço, contagiado pela confiança de Francisco, passa, então, a brincar na neve, sabendo que o mundo poderia ter fechado todas as portas, mas Deus abriria todos os caminhos. Minutos após, chega ao convento um frade que prontamente reconheceu Francisco e os abrigou da tempestade.

Na hora da nossa solidão, Deus nos faz companhia. No momento em que o mundo nos vira as costas, Deus está bem diante de nós. Mas lembre-se de que esse Deus mora dentro da gente, e, se Ele não nos abandona, nós também precisamos ficar perto de nós no momento em que a solidão cair como uma forte tempestade. O calor de Deus derreterá a neve e aquecerá nosso coração!

Seja qual for a dificuldade, faze o bem e entrega-te a Deus.

Não importa o tamanho dos nossos problemas, ou o quanto nos sentimos fracos, desolados, solitários e impotentes. Nada é maior do que a força do Pai que nos criou e que continua nos amparando com devotado amor! Na hora da angústia e do desespero, vamos nos entregar ao amor divino! Há quem se entregue aos vícios em geral, ao derrotismo, ao suicídio. São portas falsas, que apenas nos afundam em dores ainda maiores. Somente em Deus encontraremos as portas verdadeiras, que nos levam à cura da nossa dor.

Deus apenas espera a nossa entrega. Entregar-se é render-se, dobrar-se em atitude de confiança, como o barro se entrega às mãos sábias do oleiro, deixando que ele o molde pacientemente, segundo a sua vontade, segundo o seu amor. Em Deus, seremos transformados. A dificuldade talvez não desapareça, estará lá, no mesmo lugar, mas nós já não seremos mais os mesmos, nosso olhar será outro, nossa compreensão terá surgido, aquilo já não será mais problema para nós...

Uma palavra final da benfeitora Meimei:

No torvelinho das sombras, o Céu não nos pede para que sejamos estrelas. Basta a cada um de nós o compromisso de acender, em nome de Deus, um raio de luz.[112]

112 Francisco C. Xavier, Meimei [Espírito]. *Deus aguarda*. GEEM.

NADA É MAIOR DO QUE A FORÇA DO PAI QUE NOS CRIOU E QUE CONTINUA NOS AMPARANDO COM DEVOTADO AMOR! NA HORA DA ANGÚSTIA E DO DESESPERO, VAMOS NOS ENTREGAR AO AMOR DIVINO! HÁ QUEM SE

ENTREGUE AOS VÍCIOS EM GERAL, AO DERROTISMO, AO SUICÍDIO. SÃO PORTAS FALSAS, QUE APENAS NOS AFUNDAM EM DORES AINDA MAIORES. SOMENTE EM DEUS ENCONTRAREMOS AS PORTAS VERDADEIRAS, QUE NOS LEVAM À CURA DA NOSSA DOR.

SABE O QUE EU MAIS QUERO AGORA?

★

A BUSCA DA FELICIDADE JÁ TROUXE MUITA INFELICIDADE.

ROBERT HOLDEN

ROBERT HOLDEN. "FELICIDADE JÁ". BUTTERFLY.

A busca da felicidade já trouxe muita infelicidade.

ROBERT HOLDEN

TALVEZ VOCÊ ESTRANHE ESSA AFIRMAÇÃO DO PSICÓlogo Robert Holden – como eu também estranhei –, perguntando-se como que a busca da felicidade pode tornar alguém infeliz. Ele chegou a essa conclusão com um dos seus pacientes, Michael, um homem rico, famoso, de meia-idade e completamente infeliz. Tinha lutado a vida toda para "ter sucesso", mas achava que nunca havia conseguido. E, por tal razão, procurou ajuda terapêutica. Numa das sessões, o dr. Holden perguntou a Michael qual teria sido a lição mais importante que ele havia aprendido sobre felicidade. E a resposta foi esclarecedora:

Quando tinha vinte anos, trabalhava e lutava tanto que achei que seria feliz aos trinta. Com trinta, lutava para ser feliz aos quarenta. Aos quarenta, dei meu melhor para ser feliz aos cinquenta. Agora que tenho cinquenta, não quero esperar até os sessenta. Procurei a felicidade a vida toda em vez de simplesmente ser feliz. Quero parar de procurar e ser feliz agora.[113]

Creio que, muitas vezes, vivemos como Michael. Somente depois de muito cansaço ele descobriu onde, de fato, a felicidade se encontrava. Querer ser feliz não é um engano; é uma aspiração natural e desejável do ser humano. O problema surge quando essa busca nos levar a crer que a felicidade está em algum lugar diferente de onde nos encontramos. Uma felicidade que se projeta para fora de nós, e nunca é procurada no único lugar em que ela pode existir: em nosso próprio coração!

Mas, como damos destaque ao mundo exterior, diz o dr. Robert:

[...] *o autoconhecimento é substituído pela necessidade de conhecimento erudito, a nossa expressão verdadeira esconde-se atrás de uma necessidade de aprovação e de reconhecimento, e a nossa satisfação pessoal é sempre sacrificada para que o mundo perceba quanto merecemos*

---

113 Robert Holden. *Felicidade já.* BUTTERFLY.

ser felizes. Vendemos nossa alma ao mundo porque acreditamos que ela não vale nada e que o mundo tem tudo o que precisamos.[114]

Não estou desmerecendo o esforço que cada um faz para ter uma vida digna e confortável. Mas é preciso reconhecer que bens materiais e prestígio social não nos garantem a felicidade, e o exemplo de Michael é prova disso: ele era rico e famoso, mas não era feliz. Ele tinha uma vida de exuberâncias exteriores, mas de mendicância interior. Esse fenômeno acontece porque desconhecemos a nós mesmos. Ignoramos que somos diamantes de luz, centelhas divinas, pois todos fomos criados à imagem e semelhança de Deus, como consta do primeiro livro sagrado da *Bíblia*.[115]

Como temos o hábito de olhar apenas para a nossa sombra, com as imperfeições e fragilidades naturais de um Espírito em processo evolutivo, fugimos de nós mesmos, numa atitude de autorrejeição. Provavelmente, na infância, não recebemos o afeto necessário por parte dos nossos cuidadores, e, não raro, sofremos até maus tratos e abusos, e isso nos causou a sensação de sermos uma pessoa errada, não desejada, não querida, sem valor algum. Outras vezes, não tivemos a percepção do carinho

114   Obra citada.
115   *Gênesis* 1:26.

que nos foi dado de uma forma diversa daquela que esperávamos. Em outras situações, nossa exigência de atenção era tamanha que nenhum cuidado recebido foi suficiente para atender às nossas necessidades insaciáveis.

Consequentemente, ingressamos na vida adulta com aquela sensação de inadequação, trazida da infância, ou, numa visão reencarnacionista, herdada de experiências passadas. Valendo-me da metáfora bíblica de Adão e Eva, acabamos nos expulsando do próprio paraíso, desconectando-nos da nossa essência divina e caindo no inferno da carência afetiva. O medo toma conta de nós; medo de continuar não sendo amado. E, para obtermos amor, passamos a viver mais para agradar aos outros do que para satisfazer a nossa alma. Damos excessiva importância ao que o outro pensa a nosso respeito, sem considerar os nossos valores e necessidades. A crítica alheia nos arrasa, enquanto nenhum ponto positivo somos capazes de reconhecer no que somos e fazemos. O melhor sempre está fora de nós!

Vivemos desesperadamente para conquistar o mundo exterior, enquanto nosso mundo íntimo se afunda no mais completo abandono. Para preencher nossos buracos, viciamo-nos em trabalho, poder, comida, bebida, sexo, drogas, consumismo, ostentação e, para alcançar tudo isso, frequentemente, entramos em guerras, trapaças, violências, mentiras, vinganças, crimes, machucando pessoas e nos machucando também. E só aumentamos o fosso da nossa infelicidade! Nenhuma riqueza, nenhum poder, nenhuma fama, nada disso conversa com as legítimas necessidades da alma.

A felicidade, portanto, principia, necessariamente, pelo conhecimento de si mesmo, uma viagem interior rumo ao descobrimento do nosso "eu divino", o Cristo interior, a essência que vibra na integridade, no amor e na alegria! Tal é a proposta de Jesus, ao dizer que o Reino de Deus está dentro de nós![116] No dizer do psicólogo Roberto Rosas Fernandes:

Assim, a afirmação de Jesus de que o "Reino de Deus está dentro de vós", e não num céu espacial, nem em outro lugar que não na interioridade humana, pode ser uma novidade para muitos cristãos. A afirmação é uma revelação para os que não conhecem a essência do Novo Testamento. Para essas pessoas, não é nada fácil deixar de visualizar a figura do velho Deus de longas barbas brancas, sentado no seu trono dourado no meio das nuvens, pronto para mandar seus raios reluzentes em seus filhos pecadores.[117]

---

116 *Lucas* 17:20–21.
117 Roberto Rosas Fernandes. *A psicologia profunda no Novo Testamento*. VETOR.

E como temos andado longe do Reino, longe de nós e, portanto, longe do próximo também! O caminho é voltar, como fez o filho pródigo na parábola de Jesus,[118] romper com a sensação de estar separado de si mesmo. Voltar para a casa do Pai é voltar para o nosso interior, descobrir que o amor já está em nós, ou melhor, o amor somos nós! Como afirma Léon Denis:

> *É só pela manifestação crescente do Espírito divino em nós que chegamos a vencer o "eu" egoísta, a associar-nos plenamente à obra universal e eterna, a criar uma vida feliz e perfeita.*[119]

A firme vontade de ser bom, aliada à oração, à meditação, e à prática da caridade nos trará a percepção da nossa essência amorosa, apta a fazer desabrochar o "eu superior", com todo o seu esplendor. Nesse momento, a proposta de Jesus, consistente em deixar brilhar a nossa luz,[120] terá se realizado.

Assim, começarão a ruir as nossas carências e dependências. Na presença do amor, o medo desaparece, pois ficamos seguros na energia mais poderosa que existe no universo. Já não há mais vazios, pois o amor gera

---

118 *Lucas* 15:11–32.
119 Léon Denis. *O problema do ser, do destino e da dor.* FEB.
120 *Mateus* 5:16.

plenitude! Não há mais guerras, pois o amor traz paz. A indiferença alheia não nos machuca mais, pois estamos aconchegados em nós mesmos. As mágoas foram embora, porque o amor fez brotar o perdão. Nossos relacionamentos se curam, porque o amor nos faz compreensivos, generosos e alegres. Na presença do amor em nós, o passado é perdoado, o futuro é sereno e o presente é cheio de vida!

O amor em nós traz a vida para o aqui e agora, o único lugar e momento em que a felicidade pode existir! Não há mais condições para ser feliz "quando isso ou aquilo acontecer"... Se não formos felizes como estamos e onde estamos, não seremos felizes de nenhum outro jeito. A transformação de uma situação dolorosa sempre é possível, mas, sem amor no presente, nenhuma ferida se cura.

Por exemplo: se você estiver no leito de um hospital, não adie a felicidade para depois que receber alta. A doença o chamou para se amar agora mesmo, olhar sua vida com mais cuidado, reencontrar o equilíbrio das emoções e atitudes, reescalonar prioridades, respeitar limites, valorizar os momentos simples, ressuscitar sonhos, endireitar caminhos, enfim, trazer o amor para o centro de sua vida.

A doença era a distância que você mantinha do seu centro amoroso. Embora não se possa negar o desconforto que a enfermidade acarreta, é possível encontrar a felicidade até nesse momento, pois, a depender da forma como o encaramos, ele pode ser o ponto de partida para as grandes e profundas transformações em nossa vida. A felicidade costuma curar muitas doenças. Só a felicidade cura a infelicidade!

De tudo quanto foi dito, a única coisa que devemos fazer é parar de buscar a felicidade lá fora e no depois. Não moremos mais longe de nós. É hora de voltarmos para a nossa casa interior. Façamos como o Vander Lee:

Sabe o que eu mais quero agora, meu amor?
Morar no interior do meu interior[121]

---

121   Trecho da canção *Onde Deus possa me ouvir.*

TEMOS ANDADO LONGE
DO REINO, LONGE DE
NÓS E, PORTANTO, LONGE
DO PRÓXIMO TAMBÉM!
O CAMINHO É VOLTAR,
COMO FEZ O FILHO
PRÓDIGO. VOLTAR PARA
A CASA DO PAI É VOLTAR
PARA O NOSSO INTERIOR,
DESCOBRIR QUE

O AMOR JÁ ESTÁ
EM NÓS, OU MELHOR,
O AMOR SOMOS NÓS!
DEVEMOS PARAR DE
BUSCAR A FELICIDADE
LÁ FORA E NO DEPOIS.
NÃO MOREMOS MAIS
LONGE DE NÓS. É HORA
DE VOLTARMOS PARA A
NOSSA CASA INTERIOR.

O QUE ESTÁ FALTANDO?

★

**MINHA BÊNÇÃO ESTÁ COM VOCÊ.
A BÊNÇÃO DE DEUS ESTÁ COM VOCÊ.
SÓ ESTÁ FALTANDO A SUA BÊNÇÃO!**

YOGANANDA

PARAMAHANSA YOGANANDA.
"ASSIM FALAVA PARAMAHANSA YOGANANDA".
SELF-REALIZATION FELLOWSHIP.

Minha bênção está com você. A bênção de Deus está com você. Só está faltando a sua bênção!

YOGANANDA

ERA HÁBITO ANTIGO PEDIR A BÊNÇÃO DE NOSSOS PAIS, avós ou mesmo de um sacerdote. Eu pedia à minha mãe, e quando ela respondia "Deus te abençoe, filho", eu ficava com a sensação de ser amado, de estar protegido, e de que coisas boas iriam me acontecer. Essa sensação agradável corresponde ao que, de fato, acontece no plano da influência das energias de uns sobre os outros.

Abençoar é projetar a bênção a outrem, desejar-lhe todo o bem. Deus nos abençoa a todo instante, pois Ele é o amor que não cessa. Todos os dias, o Pai derrama uma chuva de bênçãos sobre nós, muito embora quase sempre não estejamos sintonizados com as frequências do amor divino. Aqueles que nos querem bem também emanam boas energias para nós, por meio de palavras, pensamentos e sentimentos.

O problema é que, amiúde, não conseguimos captar inteiramente essas bênçãos, porque estamos mergulhados em energias negativas que nós mesmos produzimos, seja pelo modo de falar, seja pelo modo de pensar, seja pelo de sentir, seja pelo de agir. Os pensamentos negativos, o coração avinagrado pelo ressentimento, a mente tomada pela revolta, o espírito abatido pelo vitimismo, a falta de confiança em nós mesmos, a ausência de amor próprio, a crença num destino de fracassos, a maledicência, a vingança, a intolerância, a indiferença à dor alheia; tudo isso cria um campo energético contrário às bênçãos que nos são enviadas pelos que nos amam.

Para ser abençoado, é preciso, primeiro, abençoar. É da lei. Trata-se de uma questão de ressonância vibratória. Na Física,

[...] *a ressonância é a transferência de energia de um sistema oscilante para outro quando a frequência do primeiro coincide com uma das frequências próprias do segundo.*[122]

---

122 Aurélio Buarque de Holanda Ferreira. *Minidicionário Aurélio*. POSITIVO.

Portanto, a bênção somente se transfere a nós se houver alguma coincidência de vibração. Se estivermos em estado de maldição, isto é, na frequência do mal dizer, do mal pensar, do mal sentir e do mal agir, a benção, venha de onde vier, não encontrará ressonância em nós, e, portanto, não a receberemos, apesar da vontade de Deus em sentido contrário.

Foi por essa razão que Yogananda, notável mestre espiritual nascido na Índia, alertou a um dos seus seguidores que a bênção divina estava com ele, que a bênção de seu mestre também estava com ele, mas que faltava exatamente o estado de bênção do próprio discípulo. Esse é o fundamento que explica o princípio espiritual do "ajuda-te, que o céu te ajudará".[123] Muita gente quer a bênção do céu, mas vive criando o inferno para si mesmo. Muita gente quer ajuda, mas não se ajuda!

Como se tornar, então, uma bênção para si mesmo? Respondo, convictamente, que o caminho é procurar eliminar todo o negativismo que alimentamos contra nós, contra os outros e contra a própria vida por meio de palavras, pensamentos, sentimentos e atitudes. Para que nossa vida seja abençoada, Jesus trouxe lições valiosas, no sentido de não compactuarmos com o mal, o ódio, a vingança, o desamor, a culpa, o julgamento, o preconceito, a indiferença em relação ao próximo.

---

123 Allan Kardec. *O Evangelho segundo o Espiritismo*. [cap. xxv]

No *Sermão da montanha*,[124] reputado por muitos teólogos como o discurso mais importante de Jesus, somos esclarecidos a respeito das leis cósmicas que regem nossas vidas, ensinando o Mestre que não vale a pena viver no "olho por olho, dente por dente", que nos é melhor o caminho do perdão, da fraternidade, da reconciliação, do não condenar, da oração pelos que nos perseguem, do amor ao próximo e a nós mesmos. Que a bênção divina está com os humildes, justos, mansos, misericordiosos, pacíficos e puros de coração.

Com Jesus, o Reino de Deus é uma realidade íntima construída por um relacionamento amoroso com nós mesmos e que, inevitavelmente, se expande para a nossa relação com o próximo. É para esse céu interior que Jesus nos chama, desejando nos tirar de um mundo egoico, agressivo, separatista, julgador, bélico, preconceituoso e de concepções religiosas embasadas em pecados, culpas e castigos! Por isso ainda nos deparamos com tanta fome, miséria, doenças, guerras, trapaças, violência, poluição, devastação da natureza e crueldade com os animais. São os efeitos colaterais de um mundo de desamor, no qual as bênçãos são escassas.

---

124 *Mateus* 5–7.

Daí por que Jesus disse que seu Reino não é deste mundo,[125] isto é, não é deste mundo de egos inflados e corações enfraquecidos, de muito azedume e pouca doçura, de muita competição e pouca cooperação, de muita mesquinhez e pouca generosidade, de muita divisão e pouca fraternidade, de muita culpa e pouco perdão.

A benção não consegue envolver quem vive nesse reino inferior e não procura nem menos abrir as portas do seu coração para as realidades do Céu. Jesus não veio nos falar apenas de uma vida além da matéria, mas, sobretudo, de uma vida além do egoísmo. A centralidade da mensagem do Cristo está no acesso ao reino das bênçãos pelas portas de um coração disposto a amar, a mostrar a face do perdão, da não violência, a trocar sua visão unilateral por uma concepção de alteridade, enfim, disposto a reconhecer sua natureza amorosa e pertencente à grande família humana. Fora desse céu que, segundo Jesus, se abre para nós na medida em que o procuramos,[126] as bênçãos se tornam distantes de nós, como as estrelas que brilham no firmamento, mas não conseguimos tocar.

Gosto da história de vida de Louise Hay, respeitável escritora e terapeuta, cujo trabalho vem ajudando milhares de pessoas em todo o mundo, ela que viu as estrelas

---

125 *João* 18:36.
126 *Mateus* 7:7.

no céu e foi capaz de tocá-las pela força do amor. Um dia, Louise precisou muito da benção da saúde:

Tive uma infância muito difícil. Meus pais se divorciaram quando eu tinha um ano e meio. Fui estuprada aos cinco anos. Sofri espancamento na infância e cresci enfrentando sérias dificuldades financeiras. Minha mãe era uma vítima e meu padrasto expressava constantemente a violência que sofrera na infância. Cresci sentindo um enorme ressentimento. Precisei criar um câncer em meu próprio corpo, antes de me dispor a libertar esse ressentimento.

Isso não quer dizer que eu concorde com o comportamento de nenhuma das pessoas que me maltrataram. No entanto, passar a vida inteira assistindo de novo àquele velho filme, sentindo necessidade de culpar, sentindo raiva e ressentimento, não me fazia bem nenhum. Aprendi que o ressentimento apenas corrói, e foi o que aconteceu comigo. No meu caso, apegar-se a velhas culpas e sentir ressentimento com relação a tudo o que me fizeram ajudou-me a criar minha doença. Libertar, perdoar e relaxar ajudou a me curar.[127]

---

127 Louise Hay. *Meditações para a saúde do corpo e da mente.* SEXTANTE.

Importante observar: Louise somente se curou quando parou de amaldiçoar sua vida e a das pessoas que a prejudicaram. Ela saiu do inferno do ressentimento quando tomou a firme decisão de se libertar do passado e perdoar os que lhe fizeram mal. Ela deixou o "olho por olho", pois percebeu que poderia ficar cega, e fez seu corpo mergulhar nas bênçãos da saúde por meio dos remédios do amor e da paz interior. Quando ela abençoou seu passado, o corpo voltou ao seu estado natural de saúde.

Estou me fazendo agora algumas perguntas, que divido com você: A que sofrimento estou apegado? Estou passando a minha vida assistindo àquele velho filme, que tanto mal me faz? Ainda não percebi que isso está criando meus problemas de agora para que eu decida, de uma vez por todas, largar a dor e criar uma realidade amorosa para mim?

Acho que já percebemos que, para entrar no céu de uma vida melhor, só está faltando a nossa bênção...

MUITA GENTE QUER A BÊNÇÃO DO CÉU, MAS VIVE CRIANDO O INFERNO PARA SI MESMO. MUITA GENTE QUER AJUDA, MAS NÃO SE AJUDA! JÁ PERCEBEMOS QUE, PARA ENTRAR NO CÉU DE UMA VIDA MELHOR, SÓ ESTÁ FALTANDO A NOSSA BÊNÇÃO...

ESTAVA MAIS ANGUSTIADO QUE
UM GOLEIRO NA HORA DO GOL

QUANDO VOCÊ ENTROU EM MIM
COMO UM SOL NO QUINTAL

AÍ UM ANALISTA AMIGO MEU
DISSE QUE DESSE JEITO

NÃO VOU SER FELIZ DIREITO

PORQUE O AMOR É UMA COISA MAIS
PROFUNDA QUE UM ENCONTRO CASUAL

BELCHIOR

BELCHIOR. "DIVINA COMÉDIA HUMANA". [CANÇÃO]

Estava mais angustiado que um goleiro na hora do gol
Quando você entrou em mim como um sol no quintal
Aí um analista amigo meu disse que desse jeito
Não vou ser feliz direito
Porque o amor é uma coisa mais profunda
que um encontro casual

BELCHIOR

MUITAS VEZES NA VIDA EU SENTI ESSA ANGÚSTIA do goleiro na hora do gol. Minha sensação era a de ser alguém inadequado, incapaz de ser amado, por mais que me esforçasse para ser um cara legal. Sempre fui um bom aluno, desde os primeiros estudos, ganhei medalhas de honra ao mérito. Na adolescência, tocava violão na igreja; a comunidade apreciava meus dotes musicais. Concomitantemente, interessava-me por Jesus e seu Evangelho, participava de grupos de jovens católicos, época em que surgiram os primeiros convites para fazer palestras.

Mais tarde, ingressei na faculdade de Direito. Formado, advoguei por alguns anos, e, posteriormente, fui aprovado no concurso da Magistratura. Publiquei meu primeiro livro espírita aos 37 anos. No entanto, apesar dessas conquistas, a angústia do goleiro não me largava… Não me sentia realizado, feliz. Sofria demasiadamente com críticas. A aprovação do outro era como oxigênio, sem o qual eu não conseguia viver. Fazia de tudo para agradar às pessoas, escondendo ou até negando as minhas opiniões e os meus sentimentos. Os elogios que recebia não encontravam eco em meu coração.

Aparentemente, eu era um homem caridoso, socorria muita gente; contudo, dentro de mim, havia uma criança órfã de amor. A certa altura da vida, comecei a sentir uma frieza interior muito grande, como se eu fosse um "robô", sem qualquer tipo de emoção humana. Não conseguia sentir nenhuma alegria com as minhas conquistas, não via graça nas coisas, sentia-me indiferente, o mundo me parecia cinza. Eu havia me tornado um bloco de gelo.

Procurei ajuda. Aí, o analista amigo meu disse que meu problema era "desconexão interior". Eu havia rompido a ligação com a minha essência, com o meu centro interior, amoroso, passando a viver exclusivamente das máscaras que eu havia me posto para receber o aplauso, o afeto, a aprovação, a consideração, o apoio e o elogio dos outros, ainda que, para receber tudo isso, eu tivesse que ser infiel aos meus sentimentos. Para sobreviver do amor do outro, eu amorteci os meus desejos, as minhas emoções, congelei a minha individualidade, a fim de que ela não fosse capaz de causar algum desagrado às pessoas, pois, do contrário, correria o risco de não ser aceito e amado. E isso era a pior coisa que poderia me acontecer...

De certa maneira, mesmo com o passar dos anos, vivia de forma ainda infantil, egoica, dependente do outro, voltado inteiramente ao desejo de ser cuidado e amado, resistente a sair do berço, crescer emocionalmente, assumir a responsabilidade pela própria vida e a ter suficiente estima por mim. É possível que, na infância, eu não tenha tido a suficiente percepção do olhar amoroso dos meus pais. É no espelho do olhar de seus cuidadores mais próximos que a criança passa a se enxergar. Por essa razão, Contardo Calligaris afirma:

Numa psicanálise, descobre-se que a vida adulta é sempre menos adulta do que parece: ela é pilotada por restos e rastos da infância.[128]

Provável que meu espelho estivesse distorcido, pois, mesmo recebendo suficiente afeto, eu não me sentia saciado; nada me bastava. Ora, como explicar esse fenômeno, cuja causa só poderia anteceder à própria infância? No meu entender, somente a visão reencarnacionista

---

128 Disponível em: <https://www1.folha.uol.com.br/fsp/ilus trad/fq2608201022.htm>. Acesso em: 16 jul. 2019.

elucidaria a questão: eu havia trazido para esta vida as heranças egocêntricas do passado. Aquela criança, aparentemente pura e inocente, encobria um Espírito com milenares experiências. Estava de volta o "reizinho" de outras vidas, que, até então, vivera infantilmente, exigindo ser o centro do universo, dependente do olhar alheio, querendo que todos atendessem a seus ilimitados desejos...

Agora, essa criança renasceria num lar modesto, educado por uma genitora que não era pródiga em afagos, no entanto era firme na disciplina do meu caráter, ainda imaturo. Os discursos mais frequentes de minha mãe ressaltavam a importância da responsabilidade que cada um deve ter por si mesmo na condução de sua vida. Logo pela manhã, ao me tirar da cama, sua voz de comando dizia, sabiamente: "Vamos cuidar da vida, que a morte é certa!"

Eu aproveitei bem os conselhos maternos na estruturação da minha vida exterior. Estudei, me formei, encontrei a minha independência profissional e financeira. No campo íntimo, porém, eu continuava com um nível de autoestima insatisfatório. Por mais e melhor que eu fizesse, se não houvesse um sinal de aprovação alheia, minhas estruturas internas estremeciam, e o ar parecia faltar. Como eu estava desconectado de mim mesmo, a sensação era a de que eu não existia sem o olhar do outro.

O interessante, porém, é que eu vivia um paradoxo: durante as minhas palestras, eu era alguém muito aberto, franco, expansivo, confiante, o contrário de como agia fora do palco – fechado, tímido, inseguro, vulnerável ao que o outro pensava de mim. Perguntei ao meu analista se eu não estaria usando máscaras na palestra, se não estaria sendo verdadeiramente quem sou. A resposta dele foi enfática: "Você usa máscaras na vida cotidiana; no palco você é a sua essência, o melhor de você!".

Fiquei surpreso e estático ao mesmo tempo! A resposta entrou em mim como o sol no quintal! Foi aí que me dei conta de que, até então, estava vivendo mais identificado com o "eu inferior" do que com a minha essência divina, naturalmente capaz e afetuosa. Era hora, pois, de crescer, centralizar a vida no amor, no "eu superior", e não no ego, por si só frágil e insuficiente. Ao lado da oração, a meditação tem sido um excelente recurso para me reconectar ao "eu divino", pois me devolve ao paraíso que perdi quando me distanciei da coisa mais rica que Deus havia me legado: o amor em mim!

O analista do Belchior disse que o amor é uma coisa mais profunda que um encontro casual. Convenci-me de que esse era um trabalho para a vida toda! Por isso, meu coração, aos poucos, vem se degelando. A conexão com o meu sol interior vem se restabelecendo, e a presença do amor em mim traz a sensação incrível de liberdade de ser quem eu sou, como eu sou. E só o que eu sou pode me fazer feliz! Só a minha presença me faz único, inteiro, essencial!

A partir do meu sol interior, eu posso me individuar, eu posso me expressar de acordo com os meus sentimentos, eu posso me dar consideração sem desconsiderar ninguém, e isso é algo arrebatador! E fui percebendo que, quanto mais autêntico e autônomo eu me torno, mais as pessoas me respeitam e admiram. Descobri que o mundo quer a nossa originalidade, quer os nossos talentos desenterrados, quer a nossa essencialidade, a nossa independência! E só o autoamor é capaz de despertar isso em nós! Não viemos ao mundo para descarregar as nossas inferioridades. Viemos para fazer brilhar a nossa luz, como propôs Jesus!

Tomar conta da minha criança ferida, ajudando-a a crescer, tornar-se madura para lidar com a realidade da vida, com todas as potências da minha alma, só tem me feito bem. Estou exorcizando os meus demônios, enterrando os meus mortos, relativizando as ocorrências infelizes, desconstruindo meus complexos e assumindo o papel que me cabe no mundo. Acredito que estou me tornando uma pessoa um pouco melhor, mais fácil de se lidar, sem tantos melindres, irritações e perfeccionismo. Vejo-me, sinceramente, um tantinho mais generoso, calmo, em paz comigo mesmo…

E, tudo isso, sei que ainda é só o começo, só tem sido possível porque eu decidi viajar para dentro de mim. É onde encontrei meu porto seguro, onde meu mar se acalma, minha luz se acende, meu amor pulsa, a felicidade me visita. Durante muito tempo, eu vivi no exílio. Agora estou voltando para casa…

Saiba que este livro foi o divã que me guiou neste retorno. Espero que ele possa guiar você também na maior e mais importante viagem da sua vida: a viagem para dentro.

Bons ventos e caminhos…

EU DECIDI VIAJAR PARA DENTRO DE MIM. É ONDE ENCONTREI MEU PORTO SEGURO, ONDE MEU MAR SE ACALMA, MINHA LUZ SE ACENDE, MEU AMOR PULSA, A FELICIDADE ME VISITA. DURANTE MUITO TEMPO, EU VIVI NO EXÍLIO. AGORA ESTOU VOLTANDO PARA CASA...

A MAIOR E MAIS IMPORTANTE VIAGEM DA VIDA:
A VIAGEM PARA DENTRO

© 2019 by InterVidas

DIRETOR GERAL
Ricardo Pinfildi

DIRETOR EDITORIAL
Ary Dourado

CONSELHO EDITORIAL
Ary Dourado, Julio Cesar Luiz,
Ricardo Pinfildi, Rubens Silvestre

DIREITOS DE EDIÇÃO
Editora InterVidas (Organizações Candeia Ltda.)
CNPJ 03 784 317/0001-54   IE 260 136 150 118
Rua Minas Gerais, 1 520 Vila Rodrigues
15 801-280 Catanduva SP
17 3524 9801   www.intervidas.com

DADOS INTERNACIONAIS DE CATALOGAÇÃO NA PUBLICAÇÃO (CIP BRASIL)

D366d

DE LUCCA, José Carlos [*1961].
    Dentro de mim / José Carlos De Lucca. – Catanduva, SP:
InterVidas, 2020.

    320 p. ; 15,7 × 22,5 × 1,7 cm

    ISBN 978 85 60960 23 1 [Premium]
    ISBN 978 85 60960 24 8 [Especial]

1. Evangelho.   2. Espiritismo.   3. Comportamento.
4. Autoconhecimento.   5. Transformação interior.
6. Emoções.   7. Psicologia.   8. Espiritualidade.   9. Reflexões.
I. Título.

CDD 133.9   CDU 133.7

ÍNDICES PARA CATÁLOGO SISTEMÁTICO
1. Evangelho : Espiritismo : Comportamento : Autoconhecimento
Transformação interior : Emoções : Psicologia
Espiritualidade : Reflexões
133.9

EDIÇÃO
1.ª Premium | Out/2019 | 15 mil exs.
1.ª Premium e Especial, 2.ª tiragem | Mar/2020 | 10 mil exs.

PRODUÇÃO
Impresso no Brasil   *Printed in Brazil*   *Presita en Brazilo*

COLOFÃO

TÍTULO
Dentro de mim

AUTORIA
José Carlos De Lucca

EDIÇÃO
1.ª Premium e Especial, 2.ª tiragem

EDITORA
InterVidas [Catanduva SP]

ISBN
978 85 60960 23 1 [Premium]
978 85 60960 24 8 [Especial]

PÁGINAS
320

TAMANHO MIOLO
15,5 × 22,5 cm

TAMANHO CAPA
15,7 × 22,5 × 1,7 cm [orelhas de 9 cm]

CAPA
Ary Dourado

FOTO AUTOR
Denis Mainetti | TraMa Produções

**PREPARAÇÃO DE ORIGINAIS
E REVISÃO**
Beatriz Rocha

**PROJETO GRÁFICO
E DIAGRAMAÇÃO**
Ary Dourado

COMPOSIÇÃO
Adobe InDesign CC 14.0.3 x64
[Windows 10]

TIPOGRAFIA CAPA
[HVD]
Brandon Printed Inline 120/60
Brandon Printed One e Two
[20; 30]/[20; 30]
Brandon Printed Text Light 10/12
Brandon Printed Extras

TIPOGRAFIA TEXTO PRINCIPAL
[Linotype]
Sabon Next Pro Regular 13/17,3

TIPOGRAFIA CITAÇÃO
[Linotype]
Sabon Next Pro Italic 13/17,3

TIPOGRAFIA EPÍGRAFES
[HVD] Brandon Printed Two
[13; 19,5]/[15; 19,5]
[Linotype]
Sabon Next Pro Italic e Bold 13/17,3

TIPOGRAFIA NOTA DE RODAPÉ
[Linotype]
Sabon Next Pro Demi 11/13,5

TIPOGRAFIA INTERTÍTULO
[Linotype] Sabon Next Pro Bold 13/13

TIPOGRAFIA OLHO
[HVD] Brandon Printed Inline 20/20

TIPOGRAFIA TÍTULOS
[HVD] Brandon Printed Inline
[26; 240]/[26; 240]

TIPOGRAFIA ORNAMENTOS
[HVD] Brandon Printed Extras

TIPOGRAFIA FÓLIO
[HVD] Brandon Printed One 12/17,3

TIPOGRAFIA DADOS E COLOFÃO
[Linotype]
Sabon Next Pro Regular
[9; 10]/[10,5; 12]
Sabon Next Pro Bold [9; 10]/[9; 10]

MANCHA
103,3×150 mm, 27 linhas
[sem título corrente e fólio]

MARGENS
17,2 : 25 : 34,4 : 37,5 mm
[interna : superior : externa : inferior]

PAPEL MIOLO
ofsete Suzano Alta Alvura 75 g/m²

PAPEL CAPA
papelcartão Suzano Supremo
Alta Alvura 300 g/m²

CORES MIOLO
2×2
Preto escala
Pantone 1797 U [CMYK 0 : 100 : 93 : 5]

CORES CAPA
4×2
CMYK×
Preto escala e Pantone 1797 U

TINTA MIOLO
Seller Ink

TINTA CAPA
Seller Ink

PRÉ-IMPRESSÃO
CTP em Platesetter Kodak
Trendsetter 800 III

PROVAS MIOLO
HP DesignJet 1050C Plus

PROVAS CAPA
HP DesignJet Z2100 Photo

IMPRESSÃO
processo ofsete

IMPRESSÃO MIOLO
Heidelberg Speedmaster SM 102 2P

IMPRESSÃO CAPA
Komori Lithrone S29

ACABAMENTO MIOLO
cadernos de 32 pp.,
costurados e colados

ACABAMENTO CAPA
brochura com orelhas
laminação BOPP fosco
verniz UV brilho com reserva

PRÉ-IMPRESSOR E IMPRESSOR
Lis Gráfica e Editora [Guarulhos SP]

TIRAGEM
10 mil exemplares [corrente]
25 mil exemplares [acumulada]

PRODUÇÃO
março de 2020